Samuel KITAMA

À L'ABRI DES DRAMES CAUSÉS PAR LES DÉCEPTIONS AMOUREUSES

AF376312

Samuel KITAMA

À L'ABRI DES DRAMES CAUSÉS PAR LES DÉCEPTIONS AMOUREUSES

Appel à un parcours relationnel sain

Éditions Croix du Salut

Imprint

Any brand names and product names mentioned in this book are subject to trademark, brand or patent protection and are trademarks or registered trademarks of their respective holders. The use of brand names, product names, common names, trade names, product descriptions etc. even without a particular marking in this work is in no way to be construed to mean that such names may be regarded as unrestricted in respect of trademark and brand protection legislation and could thus be used by anyone.

Cover image: www.ingimage.com

Publisher:
Éditions Croix du Salut
is a trademark of
Dodo Books Indian Ocean Ltd. and OmniScriptum S.R.L publishing group

120 High Road, East Finchley, London, N2 9ED, United Kingdom
Str. Armeneasca 28/1, office 1, Chisinau MD-2012, Republic of Moldova, Europe
Printed at: see last page
ISBN: 978-620-6-17072-3

Copyright © Samuel KITAMA
Copyright © 2024 Dodo Books Indian Ocean Ltd. and OmniScriptum S.R.L publishing group

Avant-propos

Il nous semble opportun d'alerter les jeunes chrétiens au sujet des conséquences découlant des déceptions amoureuses. Le diable profite de leurs légèretés sur cette question afin de les détruire.

Dans ce cas, nous pensons mettre à la disposition des jeunes chrétiens, un ensemble de conseils pour les aider à se lancer dans cette aventure avec beaucoup plus de sagesse et de discernement.

Ces derniers temps, nous avons croisé bon nombre de jeunes chrétiens se plaignant des déceptions amoureuses. Au fil des discussions, nous avons réalisé combien leurs cœurs étaient déchirés suite aux chocs survenus de leurs relations amoureuses.

Aussi, certains problèmes dans les couples sont d'une partie des répercussions des coups reçus dans des relations amoureuses du passé qui n'ont jamais été guéri.

Partant de ces deux observations, nous avons jugé utile d'apporter notre pierre d'édifice en aidant la jeunesse chrétienne à pallier à cette problématique si fréquente de nos jours.

Par conséquent, le but de cet ouvrage est de procurer au jeune chrétien la sagesse divine afin de le mettre à l'abri des blessures intérieures pouvant survenir d'un choc dans une relation amoureuse, afin qu'il expérimente la voie de la guérison intérieure et au-delà de tout, lui donner des prérequis nécessaires pour se lancer dans une aventure amoureuse au moment propice avec beaucoup plus de sagesse.

Introduction

Nous marchons dans un monde qui n'a ni compassion, ni pitié, caractérisé au contraire par la méchanceté humaine. La vigilance s'avère donc, indispensable pour préserver son cœur des coups et blessures de la vie courante. Cependant, la jeunesse a du mal à cerner cette vérité sur le plan amoureux. Sur ce, pas mal de jeunes sont devenus des victimes des déceptions amoureuses trainant avec eux plusieurs blessures intérieures.

À ce temps où l'insensibilité de l'homme s'est accrue à cause de l'apogée qu'atteint son égoïsme, la prudence nous exige de chercher la sagesse divine pour être à l'abri de toute mauvaise surprise pendant notre parcours ici-bas.

L'une des mauvaises surprises de la vie est la déception amoureuse, capable d'affecter sa victime et troubler son cycle de vie.

L'amour est un don précieux et chaque être humain est invité à savourer le bienfait qui en découle pour vivre heureux et épanouie. Pourtant à la recherche de l'affection, certaines personnes se sont lancées aveuglément et ont reçu des coups, causant des blessures intérieures graves et mortelles.

L'amour dans son aspect érotique est semblable à l'électricité, source de plusieurs bienfaits en cas d'un bon usage. Mais, quand il n'est pas accompagné de l'amour agape, il est à la source des dégâts énormes, difficiles à réparer. Voilà pourquoi, le jeune est appelé à considérer ce conseil de Salomon : « *ne réveillez pas l'amour quand elle s'en dort[1]* », et ajoute pour nous prévenir : « *celui qui remue des pierres en sera blessé, et celui fend du bois en éprouvera du danger[2]* »

Voulez-vous être à l'abri des chocs causés par les déceptions amoureuses ? Avez-vous du mal à vous lancer à nouveau par peur encore échoué ? Les expériences du passé ont terni l'image que vous aviez de l'amour ? A travers les différents paragraphes qui défileront devant vos yeux, mûrissez en intelligence et procurez-vous de la sagesse divine pour vous lancer dans l'aventure amoureuse avec prudence.

Chapitre I : UNE PENSEE PIEUSE DE L'AMOUR

Le chapitre qui ouvre notre ouvrage revêt un caractère particulier car, en parlant des blessures intérieures dues à l'amour, il est important en premier lieu, de mieux cerner ce sentiment.

Ainsi, dans le présent chapitre, il sera question de trouver dans la parole de Dieu une explication exacte de l'amour car, il nous arrive de ressentir un tout autre sentiment lui étant proche (compassion, pitié, miséricorde et surtout la convoitise) que nous qualifions à tort d'amour. Et quand nous réalisons que nous nous sommes trompés, nous blessons notre partenaire en nous retirant de la relation. Ce genre de drame survient parce que nous n'avons pas une idée claire de ce qu'est l'amour.

Cette raison, nous emmène à réfléchir sur la parole de Dieu pour dégager la compréhension de ce concept afin que vous vous lanciez en étant certain de ce que vous ressentez pour la personne en face de vous. Salomon écrit dans le livre

---

[1] Cantiques des cantiques
[2] Ecclésiaste 10 :9

de Proverbes : « *les projets de l'homme diligent ne mènent qu'à l'abondance, mais celui qui agit avec précipitation n'arrive qu'à la disette*[3] ». Ce passage nous exhorte à prendre des initiatives étant sûr de nos motivations.

I.1 Elucidation de l'amour

« Tout sentiment d'amour est le reflet des caractères profonds divins »

En lisant la parole de Dieu dans la première épitre de Jean, il est frappant de lire : « *celui qui n'aime pas n'a pas connu Dieu car, Dieu est amour*[4] ».

L'apôtre Jean, nous révèle une vérité particulière sur Dieu. Il nous montre que l'amour est la nature ou l'essence même de Dieu : *Dieu est amour.*

En étudiant la parole de Dieu, nous ne trouvons certes pas le mot *Trinité* mais, plusieurs passages de la bible confirment cette vérité selon laquelle, il est un seul Dieu avec trois personnes divines distinctes : le Père, le Fils et le Saint-Esprit.

Cette vérité d'un Dieu trinitaire (Elohim) prouve qu'avant même la création, au sein de la communauté divine vivait Trois Personnes divines qui partageait un amour indissociable entre Elles. Et cette vérité est un argument solide pour soutenir ce que l'apôtre Jean nous révèle au sujet de la nature de Dieu. Par conséquent, nier l'existence d'un Dieu trinitaire c'est insinué que le Dieu d'amour n'existe pas.

Cette révélation sur Dieu, nous offre une certaine lumière et nous emmène à un stade de compréhension selon laquelle, tout sentiment qui se voit attribuée la qualification d'amour doit remplir les caractères profonds de Dieu.

Néanmoins, sachant que nous ne pouvons pas réellement saisir cette vérité, Dieu a décidé souverainement de trouver des moyens pour nous faire comprendre l'amour d'une manière pratique. Premièrement, en nous offrant lui-même le bon exemple d'amour et en second lieu, en établissant la famille comme un cercle d'apprentissage ou prime l'amour.

I.1.1 Comprendre l'amour grâce à la révélation de Dieu

---

[3] Proverbes 21 :5
[4] 1 Jean 4 :8

Dieu habite la lumière inaccessible qu'aucun œil n'a vue ou ne peut voir. Dieu est infiniment grand insaisissable par l'homme. Néanmoins, soulignons que nous ne pouvons avoir des informations sur Dieu, si et seulement si Lui décide de nous en donner. Ainsi, par sa grâce, Il lui a plu d'adopter les moyens les plus simples pour se faire connaitre des hommes.

Cependant, cette révélation de Dieu a été progressive aux fils des âges et chacun de ses épisodes est marquée par les empreintes de sa nature : *l'amour.*

Dès que l'homme a péché et s'est caché loin, Dieu est venu vers lui dans le jardin en l'appelant par son nom et l'interrogea « *où es-tu ?*[5]», dans le désert, le peuple ne cessait de manifester leur rébellion envers Dieu et jusqu'aujourd'hui l'homme ne cesse de manifester son incrédulité envers Dieu. Mais, les étincelles de son amour brillent toujours si haut.

Le point culminant de l'amour de Dieu est révélé à travers la Personne de notre Seigneur Jésus-Christ et son œuvre accomplie à la croix, à Golgotha ; raison pour laquelle Jean nous écrit : « *car Dieu a tant aimé le monde, il a donné son fils unique afin que quiconque croit en lui ne périsse point mais qu'il ait la vie éternelle*[6]».

Dieu est le meilleur pédagogue. Il nous a enseigné la notion de l'amour d'une manière pratique en premier. Sur ce, Jean dit : « *...il nous a aimé en premier*[7]». Et de cette pédagogie, découle deux grandes vérités pour comprendre ce sentiment à savoir :

- Tout sentiment qui réclame la connotation d'amour doit fournir des épreuves nobles. La preuve de l'amour de Dieu fut Jésus-Christ et l'œuvre de la croix, ainsi Paul dit : « *mais Dieu a prouvé à quel point Il nous aime : le Christ est mort pour nous alors que nous étions encore pécheurs*[8]».

- Tout sentiment d'amour exclu l'égoïsme pour se tourner vers l'autre en cherchant son bonheur. Le plan et les efforts de Dieu sont orientés vers ses créatures, objet de sa grâce. Tout ce que Jésus faisait sur la terre son dévouement, sa passion etc. avaient comme mobile l'amour[9], par conséquent, il faisait tout pour la satisfaction et l'honneur du Père[10].

---

[5] Genèse
[6] Jean 3 :16
[7] 1 Jean 4 :19
[8] Romains 5 :8
[9] Jean 14 :31
[10] Jean 8 :49

I.1.2 La famille, un cycle idéal pour comprendre l'amour

La famille est une pensée qui vient de Dieu. Dans la bible, ce mot famille est retrouvé 325 fois, il peut revêtir plusieurs significations.

C'est Dieu qui a pensé famille, c'est lui qui l'a formée et l'a établie en plaçant deux créatures avec des personnalités différentes jouant chacun son rôle. Mais, la condition majeure qui doit mettre ces deux êtres ensemble doit être l'amour.

Ils se sont sentis attirés l'un par l'autre et au nom de l'amour, ils se sont mis ensemble pour former une famille. Dieu l'a voulu ainsi parce que selon son plan, la famille doit être un lieu où il fait chaud sur le plan affectif.

La famille, selon le plan de Dieu est un cadre où l'amour doit régner de façon naturelle et où les parents qui se sont choisi par amour doivent être exemplaires pour communiquer aux enfants de manière pratique la définition de l'amour.

Dans la société, si une personne a du mal à donner de l'amour ou à accepter l'amour, il est sûr qu'il vient d'une famille détruite où elle n'a pas reçu de l'amour et n'a pas eu des parents exemplaires. Et un tel drame est toujours dû à l'irresponsabilité du père qui est le chef de la famille et le garant de l'amour. Ainsi, le plus beau cadeau que père peut donner à ces enfants est de chérie leur maman de tout son cœur.

Dieu a voulu placer ces êtres faibles appelés enfant au sein de cette union de deux personnes qui se choisissent par amour afin que ceux-ci reçoivent d'eux l'amour et que les parents leurs offrent une image saine de l'amour, ce sentiment sacré qui découle de la nature divine.

I.2 Amour et convoitise

« La convoitise semble être confondu à l'amour pourtant ces deux sentiments n'ont rien en commun »

Dans l'évangile de Mathieu, Jésus-Christ dit : « *Mais moi, je vous dis que quiconque regarde une femme pour la convoiter a déjà commis un adultère avec elle dans son cœur*[11] ». Cette portion des écritures montre que dans le cadre

---

[11] Matthieu 5 :28

affectif, la convoitise, bien que n'ayant rien de commun peut être confondue avec l'amour et les deux sentiments semblent être très proche.

Il est certes, difficile de détecter la personne qui s'approche par convoitise ou par amour à moins de bénéficier de la grâce divine mais, pour différencier les deux sentiments, nous devons nous fier aux motivations ou aux mobiles.

I.2.1 L'amour

L'amour est un sentiment qui se manifeste par des sacrifices inconditionnels. L'amour a coûté à Dieu ce qu'il avait de plus cher : *son fils*. Et ceci constitue une preuve irréfutable de son amour. Le plan du salut de Dieu, un plan révélant la sommité de son amour pour nous, nous fait comprendre que Christ a donné et s'est donné pour notre bonheur éternel.

Pour beaucoup plus d'éclaircissements, Jacob Graf écrit : « *L'amour que Dieu met dans un cœur, est un amour qui à la fois donne et se donne. Il ne cherche pas son propre intérêt*[12]. *Il trouve sa mesure en Christ qui a aimé l'Assemblée et s'est livré lui-même pour elle*[13] ». C'est son amour et son obéissance qui l'ont poussé à descendre du ciel et à se donner pour elle, comme un homme quitte son père et sa mère pour être à sa femme.

Il ajoute : « *Une demande en mariage selon Dieu requiert de saintes affections pour la jeune fille pieuse qui en est l'objet* ». « Christ a aimé l'Assemblée ». À l'image de Christ, c'est donc à l'homme qu'il appartient de jouer un rôle actif en demandant la jeune fille en mariage. Une attitude passive de la part de l'homme ou des avances de la jeune fille, ne sont pas selon les pensées de Dieu.

Et enchérit en disant : « *Le véritable amour n'agit jamais en opposition à la volonté de Dieu. Il ne rend pas aveugle* ». Un sérieux jugement de soi-même devant le Seigneur est donc nécessaire pour en connaître le vrai mobile (motivation).

I.2.2 La convoitise

La convoitise est un sentiment qui pousse une personne à vouloir tout posséder pour satisfaire son égo. L'unique motivation cachée derrière la convoitise est la satisfaction des intérêts égoïstes.

---

[12] 1 Corinthiens 13 :5
[13] Éphésiens 5 :25

Je suis célibataire chrétien mais, jusqu'à ce jour j'implore la grâce de Dieu car, il m'arrive d'être attiré par des jeunes sœurs par simple convoitise. Mais, cela est aussi le cas de plusieurs jeunes chrétiens.

Nous vivons dans une génération où la convoitise s'amplifie à tel point qu'une personne peut s'infliger l'énorme punition de vivre avec une personne qu'il n'aime pas pour garantir ses intérêts.

A ce niveau, nous pouvons avoir la convoitise sous deux ordres en rapport avec les relations amoureuses :

- Première ordre de convoitise

Il arrive à une personne d'être attirée parce qu'elle a vu un beau corps et une jolie fille, sa motivation est soit de profiter de ce joli corps pour satisfaire ses pulsions sexuelles, soit il cherche à se servir de la fille pour affirmer son égo dans son cercle amical, ou encore elle peut se servir de la personne soi-disant aimée pour se venger.

Une telle motivation peut faire semblant de soutenir la personne présumée aimée mais, l'objectif n'est ni de donner ni de se donner pour son bonheur mais, de trouver un moyen pour arriver à ses fins, la satisfaction de la chair.

- Deuxième ordre de convoitise

Elle est liée aux matériels et à la notoriété. Il arrive à un jeune de s'approcher d'une personne au nom de l'amour mais avec, des motivations autres que celles de l'amour. Il le fait juste pour tirer avantage de cette situation en bénéficiant des possessions matérielles ou de la renommée de la personne afin d'atteindre certains objectifs tant rêvés.

Pour des objectifs purement politiques à notre point de vue, David tenant compte de sa classe sociale épousa « Maaca, fille de Talmaï, roi de Gueshur[14] ». Pourtant celle-ci n'avait aucune relation avec le peuple de Dieu, les retombés furent graves sur l'éducation de leur fils, Absalom qui s'enfuit auprès de son grand-père et ourdit un complot contre son propre père[15]. Voici les conséquences néfastes de sa mauvaise initiative due à sa convoitise.

Je me souviens que pendant un moment sombre de ma vie, tout jeune, j'ai fini mes études, le chômage me collait à la peau. J'avais pris l'initiative de m'intéresser aux filles des familles aisées. Je ne ressentais rien pour la plupart

---

[14] 2 Samuel 3 :3 ; Josué 13 :13
[15] 2 Samuel 13 :38

d'entre elles mais, je les abordais. En effet, je n'envisageais rien d'autre que mon profit.

Je me disais qu'avec le temps, je pouvais apprendre à aimer celle qui serait ouverte à mon offre mais, cette motivation ne relevait que de la convoitise et une union bâtit sur une telle base est privée de la bénédiction de Dieu.

Le même auteur cité si haut écrit : « *L'amour naturel a tout à fait sa place dans les relations entre époux et fiancés mais, il doit être sanctifié pour ne pas être un amour charnel qui se manifeste avant tout par ses exigences, son égoïsme, son désir de posséder, sans se soucier de la volonté de Dieu* ». Samson[16], Amnon[17] en sont de solennels exemples. Un tel amour n'est jamais le sûr fondement d'une union heureuse car, il disparaît dès que l'on ne trouve plus ce qu'on cherchait dans la personne « *aimée* ». Le croyant n'est pas à l'abri de ce danger, la vigilance est donc nécessaire.

Ainsi, avant qu'un jeune homme chrétien se lance ou qu'une jeune fille chrétienne ne donne son accord, il est important :

1. De faire un examen sincère devant Dieu pour définir les motivations de sa décision pour être convaincu que c'est Dieu qui a déposé ce sentiment d'amour ressenti dans son cœur afin de cheminer ensemble.

2. D'être conscient et convaincu qu'il n'y a aucune motivation égoïste qui l'attire vers la personne.

I.3 Fiançailles

« *La bible parle de fiançailles mais les vérités bibliques à ce sujet semblent incomprises ça vaut la peine de les élucider encore et encore* »

Les fiançailles sont comprises comme cette période au cours de laquelle, deux personnes de sexes opposés avouent leurs sentiments mutuellement et s'accordent de cheminer ensemble pour former une unité dans le mariage.

---

[16] Juges 14 :3 et 16 ; 16 :4 et 15
[17] 2 Samuel 13

Il est très important de souligner que quand deux personnes s'accordent sur une chose[18], Dieu prend acte. C'est aussi le cas pour les fiançailles, Dieu en prend acte.

Cependant, dans le processus pour aboutir aux fiançailles, il est toujours important que l'homme joue un rôle actif comme nous l'avons souligné.

I.3. 1 Les phases des fiançailles

Les fiançailles ont deux phases importantes à savoir :

I.3.1.1 La phase latente

Cette phase peut être appelée fiançailles officieuses : les deux amoureux se préparent en conséquence dans le secret, pour se présenter aux familles.

Cette phase commence dès lors que la fille, objet de l'amour du jeune homme accepte la proposition de ce dernier et prend fin à la présentation officielle auprès de deux familles réunies pour prendre acte de leur engagement.

I.3.1.2 La phase patente

Cette phase peut être appelée fiançailles officielles : elle commence à la présentation officielle auprès de deux familles et prend fin le jour de la célébration du mariage.

Cependant, pour que les fiançailles soient officielles, elles doivent remplir certaines exigences des *us et coutumes* de la société qui sont conforme à la parole de Dieu[19]. Dès que ces exigences sont satisfaites, les fiançailles peuvent être reconnues comme telles.

Ainsi, ayant soulevé cet aspect des fiançailles, soulignons certaines vérités nécessaires que les fiancés doivent savoir.

I.3.2 Les grandes vérités à savoir sur les fiançailles

I.3.2.1 Les fiançailles, une étape de travail mutuel entre les amoureux pour la réalisation de leur rêve : le mariage.

---

[18] Amos 3 :3
[19] Mathieu 15 :3-9

On entre dans une relation avec un but clair : le mariage. Cette vérité différencie les fiançailles du copinage. Le copinage est une relation dans laquelle on investit sans but et pour des motivations purement égoïstes tandis que dans les fiançailles, l'idée louable de travailler pour atteindre le mariage est au premier plan.

Ainsi, tout engagement dans une relation amoureuse sans au départ, une idée claire du mariage : est un péché.

Pour atteindre leur rêve, les deux fiancés doivent travailler dur ensemble. En effet, en s'engageant dans une relation amoureuse plusieurs y entrent avec une mauvaise conception de celle-ci. Ils veulent recevoir et sont trop exigeants. Pourtant, on s'investit pour donner afin de recevoir dans la suite du temps.

C'est l'exemple que Dieu nous offre à travers cet amour que nous entretenons avec lui. Dieu nous a arrosés de son amour en premier et en retour Il reçoit l'amour qu'il a déversé en abondance dans nos cœurs à travers la qualité de notre vie, notre consécration etc.

Pendant les fiançailles, les futurs époux doivent adopter un style de vie qui caractérisera leur famille : une politique économique pour une stabilité financière, s'aider pour quitter le stade de bon à meilleur dans tous les domaines de la vie, etc.

Pendant les fiançailles, les amoureux doivent s'entraider pour devenir des meilleurs fiancés. Cette tendance est une preuve suffisante que dans le mariage les efforts seront consentis par les époux pour s'améliorer davantage.

Les fiancés doivent savoir que pour la matérialisation du rêve, les questions financières occupent une place importante. D'où, une nécessite de travailler aussi cet aspect.

I.3.2.2 Les fiançailles n'est pas égale au mariage

Nous ne devons en aucun cas confondre la nature des choses. Le mariage et les fiançailles restent des faits de nature différente. Les fiançailles ne sont qu'une promesse de mariage.

Ainsi, partant de cette vérité, il n'est pas permis aux fiancés de se comporter comme des mariés en consommant le sexe, ils doivent se conserver purs durant toute cette période et jouir de cet acte le jour du mariage.

Dieu veut que le sexe soit consommé dans un climat de sécurité et le lien du mariage qui est indissociable constitue la base de cette sécurité.

Pourtant, les fiançailles peuvent être brisées pour diverses raisons. Cette vérité montre clairement que les fiançailles ne nous offrent pas un cadre rassurant pour la consommation du sexe

Le sexe crée un lien entre deux personnes et quand il est consommé dans un cadre qui peut se dissoudre, les blessures et les regrets sont énormes. Cette vérité, nous montre que seul, le mariage offre un environnement idéal pour nous livrer à l'acte sexuel. Les fiancés ont donc, mille et une raisons de rester patients et de s'abstenir.

I.3.2.3 Les fiançailles peuvent être dissoutes

La promesse de se marier que les fiancés se font n'aboutit pas toujours. Les fiançailles peuvent se solder par un échec et ce pour plusieurs raisons.

Cette vérité ne nous encourage pas à prendre à la légère les fiançailles au point de les rompre comme beau nous semble car, une rupture des fiançailles cause toujours des blessures. Mais, cela ne veut pas aussi dire que nous devons continuer à nous accrocher quand bien même nous avons vu qu'il sera impossible de construire une famille harmonieuse, heureuse et épanouie avec le ou la partenaire en face de nous.

Mais aussi, la volonté souveraine de Dieu peut s'imposer sur les fiançailles et mettre termes à ces dernières.

I.3. 3 Finances et les fiançailles

Financièrement parlant, on se marie parce qu'on a assez de moyens pour subvenir aux besoins de la famille que l'on compte avoir.

Sœur, c'est votre droit de prendre au sérieux cet aspect, ce n'est pas être cupide, c'est une évidence, vous devez prendre en compte l'aspect financier.

Chers jeunes hommes, aucune femme ne peut se risquer avec un homme qui ne promet pas, la bible est claire à ce sujet : « *Dieu dit à la femme : ---Je rendrai tes grossesses très pénibles, et tu mettras tes enfants au monde dans la souffrance. Ton désir se portera vers ton mari, mais lui te dominera[20]».*

Paul, pour pousser les Thessaloniciens au travail car ils devenaient paresseux à cause du message de l'enlèvement, dit : « *Pourtant, nous entendons dire ceci : parmi vous, certains sont paresseux, ils ne font rien, mais ils se mêlent des affaires des autres. À ces gens-là, nous donnons ce conseil, ou plutôt cet ordre, au nom du Seigneur Jésus-Christ : travaillez dans le calme pour gagner vous-mêmes votre nourriture[21]».*

Frères, les sœurs veulent être rassurées que vous êtes capable de prendre soin d'eux ainsi que des enfants que vous aurez. Frères, les sœurs veulent s'unir à des bosseurs et non à des paresseux.
Chères sœurs, par ailleurs, le fait que nous encourageons à tenir compte de cet aspect ne veut pas dire que nous soutenons votre cupidité.

Avec les mutations actuelles de notre siècle, les filles veulent paraître, du coût elles dégagent une cupidité avérée et sont à la conquête des hommes ayant déjà une certaine position sur le plan social.

Nous tenons à vous éclairer, chères sœurs, vous avez besoin d'un homme qui promet et assure et non d'un homme qui a atteint un certain stade social.

Une femme de vision n'a besoin que de cela et s'investit à fond pour apporter ses atouts afin de mener l'homme à la réussite. C'est ça d'une part le vrai sens de l'expression : « *...Je vais lui faire **une aide** qui lui convienne parfaitement[22]* ».

Frères, nous vous encourageons à vous écarter des sœurs cupides car, il est écrit : « *Oui, la racine de tous les malheurs, c'est l'amour de l'argent. Plusieurs l'ont trop cherché, c'est pourquoi ils se sont perdus loin de la foi. Ils ont beaucoup souffert, et c'est leur faute[23]»,* mais frères ne vous servez pas non plus du concept cupidité pour fuir vos responsabilités.

Un homme responsable est celui qui réunit l'essentiel pour la survie de sa famille. Paul, nous encourage à ce sujet en ces termes : « *Alors, si nous avons de quoi*

---

[20] Genèse 3 :16

[21] 2 Thessaloniciens 3 :11-12

[22] Genèse 2 :18

[23] 1 Timothée 6 :10

manger et nous habiller, cela doit nous suffire[24]». L'indépendance financière est un atout pour vivre heureux dans le mariage.

I.4 Notre société en crise des repères

« La crise sur le plan moral a commencé quand ceux qui sont censés être modèles se sont laissés trainer par le monde »

Pendant que le mal se développe, le cœur de l'homme s'endurci, le tableau peint en noir des caractères fâcheux du temps de la fin se dessine, nous assistons à la perte des valeurs morales et spirituelles. Le mal laisse ses empruntes partout de telle sorte que le sacré a été dénaturalisée.

Nous sommes dans une génération où la conception de Dieu est de plus en plus erronée et les familles détruites. Nous sommes dans une génération en crise de modèles.

Les familles qui devaient servir de modèle aux jeunes sont déchirées par l'ennemi et les jeunes remettent en question l'existence de l'amour en voyant combien, au tour d'eux les personnes qui se sont déclarées leurs flammes se torturent.

Dans une telle génération, les jeunes chrétiens doivent implorer la grâce de Dieu pour un bon choix en vue de la restauration de la notion de la famille, un lieu où les membres doivent bénéficier d'une chaleureuse affection.

Chapitre II : LES BLESSURES CAUSEES PAR LES DECEPTIONS AMOUREUSES

Il est nécessaire de pouvoir nous arrêter pour parler de danger des chocs intérieurs causés par une déception amoureuse.

Des fois, nous faisons semblant de ne pas en parler pourtant ses répercutions sont visibles dans nos familles et sociétés. Ainsi, le but de ce présent chapitre est de nous ouvrir les yeux sur les dangers survenant après une rupture amoureuse.

Nous allons énumérer trois types des conséquences. Ceux-ci découlent même de l'essence de l'homme qui est tripartite. Le contenu de ce chapitre répond à la question : *quelles sont les conséquences d'une blessure intérieure amoureuse mais aussi à la question que faire après l'avoir encaissée ?*

---

[24] 1 Timothée 6 :8

Nous sommes dans un siècle de mutation terrible, nous quittons un point y pour un point x et nous faisons l'effort de banaliser certaines choses qui pourtant, au fond sont nuisibles et détruisent des vies. C'est aussi le cas pour les blessures intérieures amoureuses.

Le diable met en place une certaine conception du monde qui lui permet de détruire la vie de plusieurs individus en les aveuglant pour qu'ils ne s'en rendent compte. Cette réalité se passe sous nos yeux.

Nous voulons nous focaliser là-dessus pour attirer l'attention des jeunes qui s'amusent au nom de ce sentiment profond et sacré (amour) sans voir les dangers qui peuvent en naitre. Pourtant, l'homme prudent voit le mal de loin et se met à l'abri. Les ignorants s'y donnent tête baissée et paient cher[25].

II.1 La compréhension d'une blessure intérieure amoureuse

« Une blessure intérieure amoureuse est aussi danger qu'une crache »

La loi de Moise nous révèle une vérité incroyable sur l'homme dans son état de nature. En effet, elle vient mettre à nu l'état du cœur humain caractérisé par la méchanceté. La loi était semblable à un miroir que Dieu a donné à l'homme pour qu'il réalise ce qu'il est.

C'est pour cette raison que Paul nous éclaire en disant : *« Que dirons-nous donc ? La loi est-elle péchée ? Loin de la ! Mais je n'ai connu le péché que par la loi. Car je n'aurais pas connu la convoitise, si la loi n'eut dit : tu ne convoiteras point*[26]*»* et Jésus dit aux pharisiens qui L'interrogeaient au sujet du divorce : *« c'est à cause de la dureté de votre cœur...*[27]*».*

Quand l'homme est victime d'une blessure, la méchanceté de son cœur le pousse toujours à faire ressentir l'auteur de sa blessure la même douleur. La loi nous révèle cette soif de vengeance du cœur humain : *« brulure pour brulure, blessure pour blessure, meurtrissure pour meurtrissure*[28]*», « si quelqu'un blesse son prochain, il lui sera fait comme il a fait...*[29]*».*

---

[25] Proverbes 22 :3
[26] Romains 7 :7
[27] Matthieu 19 :8
[28] Exode 21 :25
[29] Lévitique 24 :20

Une blessure amoureuse intérieure est comprise comme un choc soudain et douloureux qui survient dans une relation amoureuse pour y mettre fin.

Quand il y a séparation, nous nous rendons compte qu'il y a des séquelles amères dans les cœurs, c'est la preuve éloquente d'une blessure bien que, la victime fait semblant.

Ces chagrins, inquiétudes, regrets, le sentiment de vengeance et haine, ces angoisses, ces frustrations qui envahissent le cœur après une rupture amoureuse sont des preuves suffisantes de l'existence d'une blessure intérieure.

II.2 Les conséquences des blessures causées par les déceptions amoureuses

« Ne jamais banaliser les conséquences néfastes que peuvent produire une rupture amoureuse car elles touchent l'homme dans toute ses dimensions, esprit, âme et corps »

Les blessures découlant d'une relation amoureuse brisent le cœur et peuvent produire des catastrophes plus graves conduisant à une situation extrêmement tragique si la victime refuse de pardonner et passer à autre chose.

Une blessure intérieure quelle que soit sa nature peut nous affecter profondément et provoquer des drames sur le plan spirituel, psychologique et physique.

II.2.1 Conséquences spirituelles

II.2.1.1 Remise en question de l'existence de l'amour

Dans le chapitre premier, nous avons vu le caractère sacré de l'amour. C'est la nature de Dieu. Cependant, quand nous vivons une expérience douloureuse au nom de l'amour, la tendance est de remettre en cause son existence.

Quand nous osons aborder une telle victime pour lui parler de l'amour de Dieu, elle établit un parallélisme entre les blessures vécues dans une relation amoureuse et la situation dramatique du monde. La conclusion que tire cette victime est la suivante : *«si Dieu était vraiment amour le monde n'allait jamais vivre de telle ou telle autre tragédie »*.

Pourtant, l'amour est un attribut de Dieu. Si l'existence de Dieu est prouvée rationnellement sans pourtant Le voir, l'amour l'est aussi. Il est vrai et réel même quand nous avons vécu les expériences contraires.

Frères et sœurs, vous ne savez pas à quel point, lorsque vous blessez une personne à qui vous avez déclaré votre flamme, vous ternissez l'image qu'elle a de ce sentiment sacré, surtout si vous êtes chrétien.

Nous devons fournir aux gens dans nos différentes relations, les preuves de l'existence de l'amour pour leurs faciliter de croire en l'amour de Dieu. Mais, quand nous agissons contrairement, nous devenons des obstacles à l'évangile ; pouvons-nous prendre au sérieux cette pensée biblique qui dit : « *prenez garde, toutefois, que votre liberté ne devienne une pierre d'achoppement pour les faibles*[30] ».

II.2.1.2 La nuisance à la communion et à la consécration

Une blessure amoureuse peut affecter la qualité de notre communion avec Dieu et de notre consécration à Dieu. Il est possible d'être anéanti et de fournir moins d'efforts dans l'œuvre de Dieu à cause d'un choc.

Nous remarquons cette vérité dans la vie de plusieurs personnages de la bible dans le cas même du sujet traité. Samson est trahi par la femme qui faisait battre son cœur. Il est blessé et pendant cette période, sa connexion avec Dieu n'est plus ce qu'elle était car, le signe de l'alliance est perdu, aucun effort consenti durant cette période. Il aurait fallu un bon moment pour que tout rentre dans l'ordre.

Sachant qu'une relation amoureuse est paradoxale, capable de causer multiples dérives. Paul appelle les jeunes à s'abstenir afin d'être plus efficace dans le ministère. Malheureusement, il est impossible de répondre présent à ce vœu de chasteté, si nous n'avons pas reçu cette grâce de la part de Dieu[31].

Paul nous montre clairement que ceux qui ont un tel engagement auront toujours de frustrations, inquiétudes, chagrins et de fois de blessures qui font partie des tribulations[32]. Par conséquent, il se peut qu'ils ne soient pas efficaces dans l'œuvre de Dieu.

---

[30] 1 Corinthiens 8 :9
[31] 1 Corinthiens 7 :7-8 et 9
[32] 1 Corinthiens 7 :28

Une relation amoureuse peut se solder par une déchirure du cœur qui peut troubler notre communion avec le Seigneur et empoisonner notre zèle pour son œuvre. Combien de jeunes ont ruiné leurs communions avec le Seigneur à cause de la rupture amoureuse occasionnant une blessure ? Combien ne sont plus à la hauteur de donner les meilleurs d'eux-mêmes pour l'avancement du royaume de Dieu pour la même cause ?

L'apôtre Paul donne aux jeunes un conseil utile pour rester sur la voie de la communion et de la consécration totale : «*il y a de même une différence entre la femme et la vierge : celle qui n'est pas mariée s'inquiète des choses du Seigneur, afin d'être sainte de corps et d'esprit ; et celle qui est mariée s'inquiète des choses du monde, des moyens de plaire à son mari. Je dis cela dans votre intérêt, ce n'est pas pour vous prendre au piège, c'est pour vous porter à ce qui est bienséant et propre à vous attacher au Seigneur sans distraction*[33]»

Eviter les relations amoureuses partiellement ou définitivement, nous épargne des blessures qui peuvent en survenir pour une marche saine et consacrée à Dieu.

II.2.1.3 L'ouverture d'une porte qui nous exposer aux influences de l'ennemi

Amnon, à cause d'un prétendu sentiment d'amour utilise tous les moyens pour arriver à ses fins et Absalom fait l'impossible pour venger sa sœur. Cette histoire, nous montre combien l'homme peut aller loin dans sa folie s'il choisit de ne pas pardonner.

L'obsession d'un prétendu sentiment d'amour peut conduire à une voie obscure pour satisfaire ses désirs méchants. Et quand le résultat aboutit à un échec, le cœur saignant peut trouver un chemin pour se venger de la personne qui l'a blessée.

Plusieurs étant incapable de se venger, cherchent une voie occulte qui les met en contact avec des esprits méchants pour les aider à arriver à leurs fins, surtout que d'autres religion tel que l'islam, autorisent le recourt à la magie. Cette source de puissance est légitime devant Allah. C'est qui est plus grave.

Le solde de plusieurs échecs et rupture, peut conduire la victime à un chemin ténébreux, à la recherche d'affection stable. Cependant, c'est un mensonge de l'ennemi pour nous utiliser à causer du tort à notre prochain et à nous-même.

---

[33] 1 Corinthiens 7:34-35

Aussi, certaines personnes ayant été à la source d'une blessure amoureuse se sont exposées eux-mêmes aux attaques de l'ennemi, d'où la prudence s'avère toujours indispensable mais, le plus important est d'être irréprochables[34].

L'ennemi cherche toujours une opportunité en or pour nous atteindre, en cas d'une rupture ou proposition mal négociée, la blessure peut être encaissée et une porte peut s'ouvrir pour permettant à l'ennemi de nous ruiner.

Parmi tant d'autres exemples de la bible, nous pouvons citer celle de Jean-Baptiste. Hérode craignait de tuer Jean Baptiste à cause de sa réputation de prophète[35]. Pourtant, pour son épouse, il fallait éliminer cet homme qui a toujours nui à sa conscience, en s'opposant à son union. La bible dit : « *En effet, Hérode avait fait arrêter Jean ; il l'avait enchaîné et mis en prison à cause d'Hérodiade, la femme de son frère Philippe, car Jean lui disait : il ne t'est pas permis de l'avoir pour femme*[36] ».

Cette femme a toujours cherché une occasion pour exécuter son plan, un jour Hérode perdit le contrôle lors d'une fête à cause de la danse de la fille d'Hérodiade et dit à la jeune dame de faire n'importe quelle demande, il l'exécutera[37].

Hérodiade trouva une opportunité en or de piéger son mari afin d'exécuter sa volonté. Après s'être entretenu avec sa mère, celle-ci incita sa fille à demander la tête de Jean Baptiste sur un plateau[38].

Le deuxième exemple est celui de Judas. Les dirigeants du peuple cherchaient un moyen pour atteindre Christ, et ce disciple cupide fut la porte qui permit aux dits dirigeants de mettre la main sur Christ[39].

Ces deux exemples, nous illustre la méthode de l'ennemi pour nous atteindre. Il cherche toujours une occasion ou une opportunité pour nous détruire.

Il est judicieux de rester sur nos gardes et ne pas accorder au diable une chance de nous cribler. Dans le combat spirituel, c'est nous qui donnons des fois à

---

[34] Philippiens 2 :15, Matthieu 10 :16
[35] Matthieu 14 :5
[36] Matthieu 14 :3-4
[37] Matthieu 14 ; 6-7
[38] Matthieu 14 :8
[39] Marc 14 :1, 10 et 11

l'ennemi les moyens pour nous atteindre. A ce sujet, l'apôtre Paul exhorte les Ephésiens en ces termes : «*ne donnez pas accès au diable[40]*».

Attention, quand nous sommes à la base d'une blessure intérieure, nous pouvons ouvrir une porte à l'ennemi pour notre propre ruine. C'est une malédiction sans cause qui est nulle et sans effet mais, quand il y a une cause, le malheur a bel et bien raison d'être[41]. L'apôtre Paul conscient des desseins du diable pour les enfants de Dieu, exhorte les corinthiens à ne laisser au Diable aucun avantage sur eux[42].

II.2.2 Conséquences psychologiques

La psychologie porte sur le comportement humain. Les spécialistes dans ce domaine pensent que le comportement de l'homme est fortement influencé par quelque chose qui peut être qualifié de stimulus.

Cette vérité est biblique car, le chrétien est transformé parce que quelque chose s'est passée dans sa vie. La conversion est un évènement qui transforme complétement l'être humain intérieurement mais aussi extérieurement, bien qu'à ce niveau il peut encore y avoir d'obstacles.

Une réalité vaincue peut nous affectée négativement ou positivement. Les blessures intérieures peuvent affecter sa victime et changer sa philosophie et son mode de vie.

En effet, les choses que nous lisons dans l'histoire de Tamar et Amnon sont odieuses[43]. Tamar est abusée sexuellement, blessée et complètement traumatisée[44], elle s'isole dans la maison de son frère.

Absalom remarque l'amertume de sa sœur et sans rien dire, va se résoudre à la venger en tuant Amnon.

Cette histoire, nous enseigne qu'une blessure intérieure peut affecter le mental d'une personne et la conduire à une prise de mauvaises décisions.

---

[40] Ephésiens 4 :27
[41] Deutéronome 27 :15, Malachie 2 :2, 1 Rois 16 :34
[42] 2 Corinthiens 2 :11
[43] 2 Samuel 13 :12-13
[44] 2 Samuel 13 : 18-19

En général, les victimes de blessures intérieures causées par un choc amoureux ont tendance à prendre trois sortes de décisions. Ces décisions sont une preuve que son psychique a été affecté par la blessure. Voici les trois sortes de décisions :

- La 1ere décision : « *plus question de me lancer dans une relation amoureuse, jamais* »
- La 2eme décision : « *je me lance mais pour me venger* »
- La 3eme décision : « *plus question de m'engager avec une personne de sexe opposé* »

II.2.2.1 La 1ere décision : « *plus jamais question de me lancer dans une relation amoureuse* »

Une blessure amoureuse peut nous métamorphoser et nous transformer en zombie tout en gardant une morphologie humaine.

Dans le livre de Matthieu, Jésus-Christ dit : «"Il y a différentes raisons qui empêchent les hommes de se marier : pour certains, c'est une impossibilité dès leur naissance ; d'autres, les eunuques, en ont été rendus incapables par les hommes ; d'autres enfin renoncent à se marier à cause du Royaume des cieux. Que celui qui peut accepter cet enseignement l'accepte ! »" [45]. Ce passage revêt aussi l'idée selon laquelle une certaine attitude que l'Homme peut manifester à l'égard de son semblable, il arrive à ce dernier de prendre une décision sévère s'abstenant complètement des relations amoureuses.

Plusieurs rescapés de l'amour ont été dégoutés de se lancer dans une telle aventure. Ils ont une image erronée de l'amour parce que le coup encaissé au nom de l'amour a été pénible. Et la meilleure résolution pour eux est de prendre des précautions afin ne plus se lancer.

Quand vous abordez une personne qui a pris une telle décision, cette dernière a la rage dans son cœur. Elle se défoule sur vous et vous payez par conséquent les pots cassés par un inconnu.

Certains blessés en amour, surtout filles, développent une attitude qui inspire aux hommes la peur afin d'éviter que ces derniers ne les approchent.

Cette décision peut nous conduire à une certaine forme de péché sexuel pour pallier à notre soif. C'est souvent le cas de la masturbation qui est une

---

[45] Mathieu 19 :12

autosatisfaction. Et A cause de l'évolution technologique, la victime peut recourir même à des appareils de satisfaction sexuelle.

Un tel comportement peut être le résultat d'une blessure intérieure. Ouvrons grandement nos yeux, de fois les choses qui facilitent au diable de compromettre l'humanité sont dues aux erreurs que nous commettons dans divers domaines de la vie. Qu'il plaise à Dieu de nous accorder la sagesse nécessaire pour que nous ne soyons au centre des tragédies.

II.2.2.2 La 2eme décision : « *je me lance mais pour me venger* »

Bon nombre de personnes sont envahies par un sentiment de vengeance après une blessure amoureuse. Et si certains décident de se lancer dans cette aventure, c'est avec une idée de se vengeance.

Personnellement, après plusieurs coups de filles, j'étais animé d'une soif excessive de vengeance. Mon principe était de faire du mal à n'importe quelle fille que je croisais sur mon chemin. Peu importe le moyen, j'étais déterminé à faire subir à une innocente ce que j'ai enduré et la torturer comme on le me l'a fait.

Pour une blessure que vous causez aujourd'hui, un innocent peut payer le prix. En Israël, les fils pleuraient en disant : « *nos pères ont péché, et ne sont plus, et nous portons la peine de leurs iniquités* [46]». Les pères ont commis des erreurs et les fils en ont payés le prix.

Jeune homme, vous avez blessé une fille et aujourd'hui une multitude d'hommes qui croisent cette fille sont victimes de l'erreur que vous avez commise et vice versa.

Par devoir de charité, faisons de notre mieux pour ne pas causer des blessures intérieures amoureuses afin de ne pas rendre le terrain difficile et aride aux autres.

Et si la volonté souveraine de Dieu vous sépare pour ne pas réaliser notre rêve de cheminer ensemble, la personne doit réaliser que vous étiez un don du ciel dans sa vie durant le temps passé ensemble pour qu'elle soit une bénédiction pour la personne qu'il faudra.

---

[46] Lamentations 5 :7

L'étape des fiançailles officieuses est importante et notre énergie doit être mobilisé pour semer des valeurs dans la vie de notre prétendant(e), pousser la personne à la réussite. Ainsi même si ce n'est pas vous le conjoint ou la conjointe de sa vie, selon le plan souverain de Dieu, vous serez néanmoins, le héros ou l'héroïne dans l'ombre pour avoir contribué dans la vie de la personne en la rendant meilleure.

II.2.2.3 La 3ème décision : « *plus question de m'engager avec une personne de sexe opposé* ».

Les blessures intérieures dues à une relation amoureuse sont parmi les facteurs majeurs qui augmentent le taux de l'homosexualité dans nos milieux.

Le diable, après une déception amoureuse peut semer la bêtise selon laquelle les hommes ou les femmes sont mauvais. Et pour vivre le bonheur en amour, il faudrait orienter ce sentiment d'amour vers la personne du même sexe. De toutes les façons, ce n'est pas un crime mais une question de relativité.

Apres entretien, plusieurs filles affirment qu'elles ont pris la décision de devenir des lesbiennes après avoir réussi des coups mortels de la part des hommes dans les relations amoureuses précédentes.

Plaise à Dieu de nous donner la force pour ne pas être à l'origine d'une telle prise de décision si tragique pour la société. Ne soyez un objet de scandale pour personne, nous exhorte l'apôtre Paul[47].

II.2.3 Conséquences physiques

« La blessure amoureuse peut anéantir le plus robuste et éteindre une destinée glorieuse prématurément »

Les séquelles d'une blessure amoureuse sont aussi physiques pour la plupart de temps. Des fois ce que nous ressentons à l'intérieur fini par affecter cette enveloppe charnelle appelée *corps humain*. C'est à titre valeur que Salomon dit : *« un cœur joyeux est un bon remède pour le corps, mais un esprit abattu dessèche les os[48] »*.

Sur le plan physique, les conséquences peuvent être doubles à savoir :

---

[47] 1 Corinthiens 8 :9, Romains 14 :13
[48] Proverbes 17 :22

- Le développement de certaines maladies,
- L'assassinat et le suicide.

II.2.3.1 Développement de certaines maladies

Les êtres humains sont différents selon le fonctionnement de leurs organismes. Il y a de ceux qui, peu importe le coup reçu peuvent tenir et de ceux-là qui, sont rongés intérieurement au point de développer des maladies plus graves qui les anéantissent complétement.

Certaines maladies qui surprennent les humains sont dû aussi aux répercutions de certains coups de la vie. L'œuvre de l'ennemi est de chercher comment nous atteindre pour nous anéantir, et la déception amoureuse est une très bonne opportunité que l'ennemi saisi pour nous anéantir et nous détruire.

L'expérience quotidienne, nous prouve qu'il y a des hommes et des femmes qui après avoir été déçu par les compagnons (gnes) ont piqué des crises terribles de toute sorte (AVC, Ulcères, crises d'hypertensions) en frôlant même la mort.

Chers lecteurs, il est sûr que de fois au bout du tunnel, aveuglés par l'amour, nous perdons le contrôle et nous ne voyons pas cela venir, et face à un tel drame, il se peut que nous soyons trop fragiles et le pire peut en surgir.

II.2.3.2 Assassinat et suicide

Un bon nombre de conflits au milieu de jeune sont classés dans ce cadre. Face à une déception amoureuse, nous ne réagissons pas de la même manière, certaines personnes ne pouvant pas supporter une telle tragédie décident de mettre fin à leur vie.

Dans la région où je suis né et grandi (au Nord-Kivu), je connaissais un bon garçon de qui j'étais l'aîné. Il promettait et après son bac, il est allé étudier le droit dans une très bonne université du milieu.

Il croisa à cette occasion une charmante jeune fille et ensemble se sont lancés dans une aventure amoureuse. Tout juste avant sa dernière année au banc de l'université, c'est-à-dire en première licence, le garçon a été déçu par la fille. Ne sachant pas se contrôler, il décida de se pendre.

Certains après la déception décident d'éliminer physiquement les auteurs de leurs blessures, c'est le cas dans plusieurs sociétés. En Afrique du Sud par exemple, bon nombre de crimes juvéniles sont dus aussi à ce genre de conflit. Les déceptions amoureuses amplifient la criminalité dans nos sociétés.

Voilà pourquoi, il est important pour les jeunes avant d'aborder une personne ou de lui accorder une chance, il est prudent d'avoir des informations sur la personne de peur que vous ne mettiez votre vie en danger parce que la personne en face a blessé pas mal de personnes avec qui, il a entretenu une relation de ce type.

Chers jeunes attention, en semant une déception amoureuse, il est possible de récolter une perte de vie humaine. Amnon a semé une blessure intérieure et le prix à payer était si lourd : sa vie.

II.3 Que faire après avoir encaissé le choc

Après avoir vu les conséquences fâcheuses qui peuvent découler d'une blessure intérieure amoureuse, nous mettons à votre disposition un ensemble de conseils vous permettant d'expérimenter la guérison.

II.3.1 Assumer

Plusieurs personnes après avoir commis des erreurs cherchent des boucs émissaires c'est-à-dire, des personnes à qu'ils peuvent faire porter le chapeau.

C'est trop puéril de pouvoir agir ainsi, l'un des indicateurs de la maturité consiste à assumer les conséquences de nos choix.

Dans le cas où, je me suis engagé dans une relation se soldant par un échec, je dois assumer et réaliser que j'ai ma part de responsabilité.

David commet un acte ignoble en couchant avec la femme d'Urie et tua ce dernier. Après l'interpellation du Seigneur, il assume son choix et se repent[49].

Dans la bible nous lisons l'histoire de reniement de Pierre, voici ce qu'il est écrit : « "Peu après, ceux qui étaient là s'approchèrent de Pierre et lui dirent : « Certainement, tu es l'un d'eux : ton accent révèle d'où tu viens. Et Pierre se

---

[49] 2 Samuel 11 et 12

rappela ce que Jésus lui avait dit : « Avant que le coq chante, tu auras prétendu trois fois ne pas me connaître » Il sortit et pleura amèrement[50]. »" .

Nous voyons clairement que Pierre assume et cela le pousse à une repentance sincère. Les héros de la foi dans la bible avaient cette mentalité d'assumer les conséquences de leurs choix et cet état de franchise les aider à réaliser leurs torts et se repentir.

Assumer, c'est accepter ce qui a été fait et trouver un moyen pour tourner la page. Plusieurs, après un choc amoureux sont statiques. Ils ne veulent plus avancer et restent à contempler leur échec, ce qui rend plus douloureux leur blessure et cela peut les pousser à une folie incroyable.

Tamar a été violée par son propre frère, l'amertume est grande, son attitude prouve qu'elle a du mal à accepter ce qui a été fait, à pardonner et à tourner la page. Ceci la rongeant d'avantage, son frère Absalom ne pouvait accepter de voir sa sœur dans cet état et choisit donc de la venger en commettant un meurtre.

Le fait d'assumer nous aide à reprendre des forces, à pardonner, à oublier et à avancer. D'ailleurs, il est écrit : « *si réellement j'ai péché, seul j'en suis responsable*[51] », dans cette portion de la parole, les saintes écritures nous invitent non à la recherche des auteurs de notre sort mais plutôt à agir en responsable pour assumer les conséquences de nos choix. Tel doit être notre attitude après une situation amoureuse qui cause une blessure intérieure.

II.3.2 Apprendre la leçon pour être plus sage à la prochaine occasion

L'un des moyens puissants que Dieu utilise pour nous façonner est de nous confronter aux autres. Salomon dans les proverbes dit : « *l'homme s'affine au contact de son prochain tout comme le fer se polit par le fer*[52] ».

Dieu est au contrôle de toute chose et tout lui est soumis. Dans le souci de nous rendre meilleur, Dieu peut permettre qu'on entre dans une relation amoureuse qui se soldera par une blessure grave mais avec l'intention de nous discipliner, nous apprendre une leçon vitale et nous façonner.

L'auteur de l'épitre aux hébreux écrit : « *car ceux-là (nos pères dans la chaire) disciplinaient pendant peu de jours, selon qu'ils le trouvaient bon, mais celui-ci*

---

[50] Mathieu 26 :74-75
[51] Job 19 :4
[52] Proverbes 27 :17

(Dieu) nous discipline pour notre profit, afin que nous participions à sa sainteté, <u>or aucune discipline, pour le présent ne semble être un sujet de joie mais de tristesse, mais plus tard elle rend le fruit paisible de justice a ceux qui sont exercés par elle</u>[53]».

Nombreux après un choc émotionnel amoureux restent statiques observant leur échec au lieu d'être curieux et de chercher quelle est la leçon ou l'enseignement que le Seigneur veut leur transmettre à travers cette situation.

Il y a certaines circonstances douloureuses que Dieu peut permettre pour un résultat louable. Personnellement, je ne cesserai de dire que je me suis amélioré par la grâce moyennant des expériences douloureuses, je reconnais donc que par la pure grâce de Dieu, je suis le résultat des multiples échecs, blessures, humiliations, etc.

Dieu peut être l'auteur d'une blessure pour nous communiquer sa pensée et la guérir par ses mains après avoir atteint le but. Job avait connu cette expérience avec Dieu et dit : « *voici, bienheureux l'homme que Dieu reprend ! Ne méprise pas le châtiment du Tout-Puissant car c'est Lui fait la plaie et qui le bande, il frappe et ses mains guérissent*[54] ».

Des fois, les évènements tragiques qui arrivent dans notre vie sont remplis d'enseignements mais, nous sommes aveuglés par l'ennemi pour ne pas saisir la leçon cachée derrière les situations dramatiques. Pourtant, si nous les analysons, nous réaliserons qu'ils sont riches en enseignements.

Avez-vous été blessé cruellement au nom de l'amour dans le passé ? L'un des moyens pour sortir de la fosse après avoir assumé est d'apprendre la leçon en devenant dorénavant plus sage et continuer à avancer avec l'aide du Seigneur.

Les douleurs des expériences passées sont utilisées par l'ennemi pour injecter des mauvaises pensées dans nos cœurs pour nous détruire. Raison pour laquelle, la parole de Dieu nous exhorte en ces termes : «*ne pensez plus aux évènements passés et ne considérez plus ce qui est ancien*[55] », car le Seigneur fait des merveilleuses choses pour nous faire oublier les choses passées et elles ne reviendront même plus à l'esprit[56].

---

[53] Hébreux 12 :10-11
[54] Job 5 :17
[55] Esaïe 48 :18
[56] Esaïe 65 : 17

En parlant des expériences douloureuses du passé voici trois grandes vérités à savoir et à saisir :

- Dieu veut que nous rompions avec les mauvais souvenir du passé pour éviter de tomber dans le piège de l'ennemi qui utilise le passé pour nous maintenir dans un état critique.

- Restons confiant et plein d'espoir que Dieu nous réserve le meilleur dans un proche avenir peu importe les expériences connues dans le passé.

- L'oubli des expériences du passé ne doit pas effacer de nos mémoires les leçons reçues de Dieu à travers les circonstances douloureuses. Moise dit à Israël : « *n'oublie jamais tout le chemin que l'Eternel ton Dieu t'a fait parcourir pendant quarante ans dans le désert afin de te faire connaitre la pauvreté pour t'éprouver. Il a agi ainsi pour découvrir tes véritables dispositions intérieures et savoir si tu allais, ou non, obéir à ses commandements*[57] ». L'objectif est clair, grâce aux circonstances des évènements passés, le peuple de Dieu est exhorté à tirer des leçons pour mieux se comporter.

Après une blessure intérieure amoureuse apprenons la leçon, devenons sage et avançons avec assurance et espoir, tête haute, sachant qu'à travers l'échec amoureux du passé Dieu nous a façonné et nous conduit vers une meilleure et glorieuse aventure amoureuse qui aboutira à un résultat dont la qualité morale est hautement appréciée : le mariage[58]. Comme David, nous devons être persuadés que le Dieu qui nous a fait voir de nombreuses et amères détresses, nous redonnera la vie, et nous fera remonter hors des profondeurs de la terre[59].

II.3.3 Compte sur l'aide de Dieu

Pour se remettre d'une blessure intérieure, nous avons besoin de nous ressourcer auprès Dieu pour expérimenter la guérison. Seul Dieu est un appui sûr sur lequel nous pouvons nous appuyer. En lui, nous trouvons une force parfaite pour qu'un cœur saignant retrouve la paix.

Malgré nos multiples efforts de trouver des voies et moyens pour bander nos plaies intérieures, nous n'y arrivons pas seul, si la grâce de Dieu ne nous accompagne pas.

---

[57] Deutéronome 8 :2
[58] Hébreux 13 :4
[59] Psaumes 71 :20

David pendant qu'il était intérieurement bouleversé se pose une question sérieuse : « *pourquoi as-tu abattu mon âme ? Et pourquoi es-tu agitée au dedans de moi* » et lui-même répond : « *attends-toi à Dieu, car je Le célèbrerai encore : il est le salut de face et mon Dieu*[60] ». Ce passage montre clairement que quand nous sommes consumés et déchirés intérieurement, nous devons apprendre à compter sur Dieu, le Réparateur des cœurs brisés.

Pendant le temps horrible ou notre cœur est brisé en mille morceaux, nous devons avoir pour appui le Dieu très haut car, Il est une haute retraite pour l'opprimé et un havre de paix dans le temps de détresse[61]. Il nous fait vivre et nous tend sa main dans nos moments sombre[62], dans les ténèbres, Il nous fait resplendir[63], Il est notre rocher, notre lieu fort, celui qui nous délivre, notre bouclier et la corne de notre salut, c'est sur Lui que nous nous appuyons[64].

Cher lecteur et lectrice, vous avez vécu des choses horribles, des expériences amères dans vos relations amoureuses, bien que les années soient passées, votre cœur saigne encore, vous avez tout essayé mais vos efforts se sont soldés par un échec. Il est temps de réaliser que vous avez besoin de l'aide de Dieu. Vous L'avez tellement ignorée et vous ne Lui avait jamais donné accès à votre vie et agir afin d'expérimenter une guérison intérieure.

Aujourd'hui, Dieu vous offre la possibilité de vous venir en aide mais, la clé qui Lui donne accès à votre vie afin d'y opérer une incroyable guérison, s'appelle *Jésus-Christ*. C'est en Lui que Dieu croise tous ceux qui sollicitent son intervention. Avez-vous eu le temps de vous arrêter un jour et inviter christ dans votre vie comme Sauveur et Seigneur personnel ? Si non, je vous encourage à le faire maintenant. Faites cette prière : « *Seigneur, je reconnais que je t'ai longtemps ignoré dans ma vie, aujourd'hui je reconnais que je suis fautif, pécheur et perdu. Jésus-Christ je t'invite dans ma vie, viens et sois mon Sauveur et le Seigneur de tout dans ma vie ! Amen* ».

Chers chrétiens, victimes des blessures p amoureuses, je vous implore de compter sur Dieu en mobilisant les énergies du ciel dans vos prières pour qu'une guérison sans pareil s'opère dans vos vies, le psalmiste a dit : « *IL (Dieu) guérit ceux qui ont le cœur brisé, et il panse leurs blessures*[65] » et ajoute : « *L'Eternel est près de ceux qui ont le cœur brisé et Il sauve ceux qui ont l'esprit dans l'abattement*[66] ».

---

[60] Psaumes 42:11
[61] Psaumes 9 :9
[62] Psaumes 138 :7
[63] Psaumes 18 :28
[64] Psaumes 18 :2
[65] Psaumes 147 :3
[66] Psaumes 34 :18

Chapitre III : L'IDEAL POUR EVITER LES BLESSURES CAUSEES PAR LES DECEPTIONS AMOUREUSES

Dans le chapitre précédant, nous avons montré les conséquences des déceptions amoureuses dans la vie de tout individu plus particulièrement du jeune croyant. Le lecteur s'est rendu compte que les déceptions amoureuses sont dangereuses car, celles-ci peuvent être utilisées par le diable pour nous broyer d'avantage et nous détruire.

La bible dit : « *le diable rode comme un lion rugissant, cherchant qui dévorer*[67] ». Ce passage, nous montre noir sur blanc qu'étant dans un combat permanant, il cherche une occasion ou une circonstance favorable pour nous atteindre et nous nuire afin de nous empêcher de profiter pleinement des bénédictions auxquelles nous jouissons dans notre relation avec Christ.

La vigilance devient une nécessité pour les enfants de Dieu afin de ne laisser aucune occasion au diable de nous endommager. Sur ce, dans ce chapitre, il sera question de donner quelques conseils pratiques aux jeunes chrétiens qui ont tendance à se laisser facilement trainer quand ils ressentent un sentiment d'affection envahir leurs cœurs. Dans ce cas, ils ne recourent plus à la prudence. Bien que ce possible d'être guéri de ses blessures intérieures, l'idéal serait de carrément les éviter.

Nous nous efforcerons de répondre à la question : *que faire pour éviter les déceptions amoureuses de peur que nous ne donnions au diable une occasion de nous cribler ?*

III.1 Apprendre à faire confiance à Dieu

> *« N'osez jamais entretenir une relation sans Dieu, Il doit être au centre et l'auteur même de votre initiative »*

Dans le temps présent, la question sur les relations amoureuses semble être classé parmi celles qui sont exclues de la liste des choses auxquelles, nous devons solliciter le secours divin. Peu sont ceux qui font confiance à Dieu à ce sujet.

Pourtant, la réussite dans chacune de nos entreprises repose sur Dieu. Il nous garantit le succès s'il se trouve dans chaque détail de nos initiatives.

---

[67] 1 Pierre 5 :8

David est le roi qui a remporté beaucoup plus de victoires pendant son règne. Et quand nous sondons les écritures pour cerner le secret de sa réussite, nous nous rendons compte que bien que le roi David eût de l'expérience en tant que belligérant, il ne s'est jamais servi de ses expériences pour prendre une initiative de guerre. Il ne pouvait rien faire sans consulter Dieu[68]. Ceci prouve qu'il reposait pleinement sur Dieu.

Nous pouvons avoir des facultés rationnelles, remarquables qui, nous permettent d'aboutir aux conclusions exactes mais, cela ne nous donne pas le droit d'exclure Dieu dans les processus des prises de décisions.

Le psalmiste était face à une situation difficile en observant ce qui se passait au tour de lui. Il s'est donc soumis à une rude réflexion. Et pendant qu'il réfléchissait voici ce qu'il dit : « *j'ai voulu y réfléchir, pour comprendre ; mais tout cela m'a paru trop difficile,[69]* ». Cette expression du psalmiste est une preuve éloquente démontrant que nos réflexions peuvent connaitre d'obstacles. Pour mieux comprendre les choses, le psalmiste a été secouru par Dieu[70].

L'être humain est limité et peu importe ces performances, il a besoin de faire toujours recours à Dieu car : « *ceux qui se confient à Dieu ne sont jamais confus[71] et l'Eternel renouvelle leurs forces, ils prennent leur envol comme des jeunes aigles, ils courent et ne se lassent point, ils marchent et ne se fatiguent point* »[72].

Un bon nombre de jeunes chrétiens ont encaissé des blessures intérieures dans le cadre des relations amoureuses parce qu'ils ont écarté l'option de faire confiance à Dieu et se sont fiés à eux-mêmes en se servant de leurs propres expériences pour leurs prises de décision.

Dieu a toujours été au cœur d'un choix judicieux et en lui nous trouvons la force nécessaire pour aller jusqu'au bout. Deux voies par excellence dans lesquelles nous devons apprendre à faire confiance à Dieu pour un bon choix et une relation réussie : la *méditation courante de la parole de Dieu* et *la consécration dans la prière*.

III.1.1 Méditation courante la parole de Dieu

---

[68] 1 Samuel 23 :2-4, 1 Samuel 30 :8
[69] Psaumes 73 :16
[70] Psaumes 73 :17
[71] Esaïe 49 :23c
[72] Esaïe 40 :31

Face à un sentiment d'attirance, le jeune homme ou la jeune femme avant de faire le premier pas, il ou elle doit demander la volonté de Dieu. Cependant, plusieurs jeunes chrétiens ont du mal à discerner la voie idéale par laquelle Dieu passe pour leurs communiquer sa volonté.

Certains, se confient à des moyens de communications divins exceptionnels comme : les expressions directes de Dieu ou voix audible[73], les rêves [74](ce moyen représente un danger car, nous avons trois sources de rêve : Dieu[75], le diable[76] et l'homme lui-même[77]), les visions[78], les évènements miraculeux[79], les prophéties[80], les anges[81], etc.

Tous ces moyens ne sont pas mauvais mais sont rarement utilisés par Dieu actuellement. De nos jours, il a plu à Dieu d'employer les écritures comme moyen de communication fiable et principal pour servir d'autorité permanente c'est-à-dire, que les écritures sont l'expression courante de la pensée de Dieu.

A ce titre, la parole de Dieu reste le moyen principal par lequel Dieu nous communique sa volonté. C'est pour cette raison que Paul affermit notre confiance dans les saintes écritures en disant : « *toute écriture est inspirée de Dieu et utile pour enseigner, pour convaincre, pour corriger, pour instruire dans la justice, afin que l'homme de Dieu soit formé et éduqué pour toute bonne œuvre[82]*»

La parole de Dieu est le moyen par lequel Dieu nous dirige et nous oriente dans notre parcours ici-bas. David nous montre que la parole de Dieu est une lumière qui doit éclairer nos décisions[83].

La parole de Dieu contient un ensemble de conseils judicieux et précieux qui nous permettent de prendre les bonnes décisions dans chaque situation de notre vie. David dit : « *l'entrée (révélation) de tes paroles illumine, donnant de l'intelligence aux simples[84]*». La parole de Dieu nous ouvre l'intelligence pour un choix conséquent. A ce titre, il est important de pose cette question : « *que dit la bible au sujet du choix d'un conjoint ?* ».

---

[73] Actes 9 :5-6, Genèse 12 :1-3
[74] Juges 7 :9-15, Mathieu 2 :13
[75] Job 33:14-15
[76] Job 4;12-19 et Job 42:7-8
[77] Jérémie 23:25-27
[78] Actes 10 :10-17
[79] Exode 40 :36 :37
[80] 1 Samuel 15 :1-3, Actes 21
[81] Nombres 22, Actes 8
[82] 2 Timothée 3 :16
[83] Psaumes 119 : 105
[84] Psaumes 119 :10

L'apôtre Paul répond en disant que, nous devons le faire « *dans le Seigneur*[85] ». Sa réponse nous éclaire sur cette question. Bien que, s'adressant aux veuves chrétiennes de Corinthe, ce principe divin doit règlementer la vie de tout chrétien pour le choix du conjoint.

Cette vérité divine, nous encourage à envisager une relation amoureuse rien qu'avec la personne née de nouveau. Ce principe est visible dans toute la vie des personnes qui ont marché avec Dieu dans la bible mais aussi, pour son peuple terrestre. Dieu dit ouvertement à Israël : « *tu ne contacteras point de mariage avec ces peuples, tu ne donneras point tes filles à leurs fils, et tu ne prendras point leurs filles pour tes fils, car ils détourneront de moi tes fils qui serviraient d'autres dieux, et la colère de l'Eternel s'enflammerait contre vous : il te détruirait promptement*[86] »

La désobéissance à cet ordre divin a toujours entrainé des déviations grave individuelles ou collectives depuis les anciens temps de la bible jusqu'à ces jours.

III.1.1.1 Sur le plan individuel

Sur ce plan, Samson est un exemple. Un homme rempli de l'onction de Dieu pour libérer le peuple de Dieu qui était sous la domination des Philistins. Malheureusement, il va tout gâcher à cause de sa désobéissance à cette loi et ce principe qui datait de l'époque de ses pères.

Bien avant sa naissance, les desseins de Dieu sur cet homme étaient glorieux car, Dieu avait clairement dit à sa mère : « *... voici, tu es stérile, et tu n'as point d'enfant ; tu deviendras enceinte, et tu enfanteras un fils. Maintenant, prends bien garde, ne bois ni vin, ni liqueur forte, et ne mange rien d'impur. Car, tu vas devenir enceinte et tu enfanteras un fils. Le rassoir ne passera point sur tête, parce que cet enfant sera consacré à Dieu dès le ventre de sa mère et ce sera lui qui commencera à délivrer Israël de la main de philistins*[87] ».

Il se conduisit auprès de Dalila, une femme étrangère à la vie de Dieu et qui eut une mauvaise influence sur sa destinée. Pourtant, quand il vint dire à ses parent : « *j'ai vu à Thimna, une femme parmi les filles de philistins ; prenez-la maintenant pour ma femme*[88] », ces derniers l'interpellèrent en disant : « *n'y a-t-il point de femme parmi les filles de tes frères et dans tout notre peuple, que tu ailles prendre*

---

85 1 Corinthiens 7 :39
86 Deutéronome 7 :3-4
87 Juges 13 :3-5
88 Juges 14 :2

une femme chez les philistins, qui sont incirconcis ?[89]». Il insista en disant : « *prends-la pour moi car, elle me plait[90]*». Son père et sa mère étaient convaincus que la décision de leurs fils ne venait pas de Dieu[91].

Samson s'entêta. Le manque de respect à la loi de Dieu au sujet du choix de sa conjointe va bouleverser le plan de Dieu pour sa vie. Et la fin de son histoire telle que nous rapporte la bible est tragique.

L'autre exemple est celui de Salomon au sujet de qui, nous lisons : « *le roi Salomon aima nombreuses femmes étrangères, outre la fille de Pharaon : des Moabites, des Ammonites, Edomites, des Soloniennes, des Héthiennes, appartenant aux nations pour lesquelles l'Eternel avait dit aux enfants d'Israël : vous n'irez point chez elles et elles ne viendront point chez vous, elles tourneraient certainement vos cœurs du côté de leurs dieux. Ce fut ces nations auxquelles s'attacha Salomon, entrainé par l'amour[92]*».

Cela a eu des conséquences néfastes sur la vie de ce roi car, ses femmes étrangères l'entrainèrent peu à peu vers le culte des dieux étrangers. Ainsi, la bible nous dit : « *à l'époque de la vieillesse de Salomon, ses femmes inclinèrent son cœur vers d'autres dieux et son cœur ne fut point tout entier à l'Eternel, son Dieu, comme l'avait été le cœur de David, son père. Salomon alla après d'Astarté, divinité des Sidoniens et après Milcom, l'abomination des Ammonites [93]*». Nous voyons les effets de cet acte : « *Salomon fit ce qui est mal aux yeux de l'Eternel, et il ne suivit point pleinement l'Eternel, comme David, son père. Alors, Salomon bâtit sur la montagne qui est en face de Jérusalem un haut lieu pour Kemosch, l'abomination de Moab et pour Moloc, l'abomination des fils d'Ammon[94]*».

Le roi Salomon avait fait preuve d'un amour sincère en construisant à l'honneur de son Dieu un temple de renom. Mais, le manque de respect au principe divin au sujet du choix conduit son cœur à la rébellion contre le très Haut. Par conséquent, il s'est attiré la colère de Dieu et sera sérieusement discipliné à la fin de sa vie. Il meurt malheureux selon le tableau que le chapitre 11 du premier livre des rois met devant nos yeux.

III.1.1.2 Sur le plan communautaire

---

[89] Juges 14 :4a
[90] Juges 14 :3b
[91] Juges 14 :4a
[92] Rois 11 :1-2
[93] 1Rois 11 :4-5
[94] 1 Rois 11 :6-7

La folie dont Salomon a fait preuve en tant que roi en crachant sur l'orientation de Dieu au sujet du choix du conjoint, n'a pas seulement eu des conséquences individuelles mais aussi, communautaires. Dieu se décide donc, à diviser le royaume d'Israël en deux[95].

Après la possession de Canaan et la disparition de Josué, la tragédie commence au milieu de peuple de Dieu. Le livre de juge, nous montre la source de ces drames : « *et les enfants d'Israël habitèrent au milieu des cananéens, des Héthiens, des Amoréens, des Phéreziens, des Héviens et des Jébusiens. Ils prirent leurs filles pour femmes, ils donnèrent à leurs fils, leurs propres filles, et ils servirent leurs dieux[96]* ».

Le tableau que le prophète Malachie nous dépeint au sujet des désordres sociaux de son temps est instructif. Ces désordres sont les résultats des mauvais choix qui aboutissent par des divorces multiples au milieu d'Israël. C'est pour cette raison même, que Dieu interpelle son peuple par la bouche du prophète : « *je haie le divorce[97]* ».

L'apôtre Paul dit : « *ces choses leurs sont arrivées pour servir d'exemples, et elles ont été écrites pour notre instruction, à nous qui sommes parvenus à la fin des siècles[98]* ».

Personne ne peut violer la parole de Dieu est vivre heureux comme si rien ne s'était pas passé. Adam et sa femme désobéirent à Dieu et se plongèrent non seulement eux-mêmes mais aussi, leurs descendants dans un état déplorable et de désespoir total.

Conduire son cœur vers un non chrétien est une torture incroyable auquel, nous nous soumettons nous même ainsi que notre entourage. Nous ne vivrons jamais heureux dans une telle relation car, s'unir ou donner son accord à un non chrétien, c'est s'engager avec son opposé.

Qu'il plaise au Seigneur de nous ouvrir les yeux sur le danger qui guette tous les chrétiens se croyant plus sages que les instructions de la parole de Dieu, car, ces dernières, nous encourage à nous unir ou nous engager dans le Seigneur.

III.1.2 Une vie de prière consacrée

---

[95] 1 Rois 11 :11-12
[96] Juges 3 :5-6
[97] Malachie 2 :16
[98] 1 Corinthiens 10 :11

Le bon choix a toujours été le résultat de la grâce de Dieu. La prière est comprise comme une ressource indispensable que Dieu donne à tous les chrétiens pendant le temps de leur passage sur terre. Etant confrontés aux difficultés courantes de la vie, la prière est l'expression de notre dépendance à la grâce divine.

A un certain moment, j'ai remarqué que plusieurs jeunes avaient pris l'initiative de chercher la face de Dieu dans les chambres de prière, montagnes etc. dans le but de faire des prières à ce sujet.

J'ai trouvé cette tendance trop ridicule et je me disais que je ne ferai jamais ça. Je ne voyais pas l'utilité de consacrer mes nuits à la prière pour trouver une femme. Plusieurs années passées, je me suis confronté aux sérieux problèmes de choix.

Le Seigneur m'a fait comprendre que les jeunes que je voyais implorer sa grâce pour cela, étaient à la recherche non d'un homme ou femme mais d'un bon homme ou une bonne femme car, Salomon dit : « *beaucoup de gens proclament leur bonté ; mais un homme fidèle, qui le trouvera ?*[99] » mais aussi, une question importante s'adresse à l'égard de tout homme aspirant au mariage : « *Qui peut trouver une femme vertueuse ?*[100] ».

La réponse à ces questions que les femmes et les hommes se posent concernant le choix est clair : nous avons besoin de la grâce de Dieu. Dans un monde marqué par la dureté et la méchante humaine, l'esprit religieux, rempli d'hypocrisie, nous devons dépendre pleinement de Dieu pour conduire nos sentiments et nos pieds vers la personne qu'il faut.

Dans le tableau décrit par l'apôtre Paul, tableau reprenant les caractéristiques du temps de la fin, il nous définit ce temps de la sorte : « *sache que, dans les derniers jours, il y aura des temps difficiles*[101] ».

Dans la suite, nous voyons que le temps difficile est en rapport avec la méchanceté du cœur humain qui met un accent sur le moi. Malheureusement, nous trouvons un tel état de cœur au milieu chrétien aussi[102].

---

[99] Proverbes 20 :6
[100] Proverbes 31 :10
[101] 2 Timothée 3 :1
[102] Jude 4

Les caractéristiques fâcheuses de ce temps de la fin ne doivent-ils pas être une interpellation pour les jeunes chrétiens afin de les pousser à la dépendance divine totale par la voie des prières consacrées pour un bon choix ?

Voyant combien des jeunes ont fait des faux pas à cause de mauvais choix effectué, je me suis décidé à noircir mes genoux pour éclairer mon choix.

Confiant que la prière pour obtenir un ou une conjoint(e) converti(e) est en accord avec la pensée divine, Dieu l'exauce toujours. Il est le père le plus responsable qui ne nous donnera jamais la prière à la place du pain[103].

Dieu comprend nos limites et nos faiblesses dans chaque détail de la vie et quand nous nous approchons de lui, il nous fait toujours part de sa miséricorde avant même de nous faire une issue de sortie au moment convenable. Voilà pourquoi un jeune chrétien qui rêve d'un bon choix de conjoint doit s'approcher de Dieu avec confiance[104] sachant le vœu de son cœur sera exaucé afin que sa joie soit parfaite en Christ[105].

III.2 Eviter de s'engager tôt mais aussi apprendre à réfléchir sérieusement avant la prise de décision

« Apprenez à faire usage de votre intelligence même si l'affection enflamme votre cœur »

La bonne question que se poserait toute personne après la lecture du titre est la suivante : *Quand se lancer dans une aventure amoureuse en tant que chrétiens(ne)* ? A travers ce point, chacun pourra réellement mesurer s'il est à la hauteur de prendre la décision de se lancer.

Nous aimerions nous arrêter sur la parabole du fils prodigue un instant car, elle regorge de plusieurs leçons pour la vie courante.

Voilà ce que dit la bible à son sujet : « *Jésus dit encore : « Un homme avait deux fils. Le plus jeune dit à son père : "Mon père, donne-moi la part de notre fortune qui doit me revenir." Alors le père partagea ses biens entre ses deux fils. Peu de jours après, le plus jeune fils vendit sa part de la propriété et partit avec son argent pour un pays éloigné. Là, il vécut dans le désordre et dissipa ainsi tout ce qu'il possédait. Quand il eut tout dépensé, une grande famine survint dans ce*

---

[103] Luc 11 :11
[104] Hébreux 4 :16
[105] Jean 16 :24

pays, et il commença à manquer du nécessaire. Il alla donc se mettre au service d'un des habitants du pays, qui l'envoya dans ses champs garder les cochons. Il aurait bien voulu se nourrir des fruits du caroubier que mangeaient les cochons mais, personne ne lui en donnait. Alors, il se mit à réfléchir sur sa situation et se dit : "Tous les ouvriers de mon père ont plus à manger qu'il ne leur en faut, tandis que moi, ici, je meurs de faim ![106]».

Après l'étude attentivement de ce texte, nous remarquons que l'erreur du fils perdu est double que voici :

III.2.1 Quitter le toit paternel prématurément

La bible, en parlant du frère cadet, nous montre qu'il était encore trop jeune, immature et incapable de prendre les choses en mains. L'expression utilisée : « *le plus jeune* » le prouve suffisamment.

La première grosse erreur commise par le fils perdu était de quitter la maison de son père sans avoir acquis la sagesse nécessaire pour assumer les conséquences de sa décision.

Cette vérité évoquée si haut est vérifiable par les faits suivants que la bible met à notre disposition :
- Il prend la résolution de s'éloigner de la maison de son père pour échapper complètement au contrôle parental afin de vivre librement dans des balivernes. Pourtant, l'un des signes de la maturité est aussi, la capacité de repérer certaines personnes assez sages, capables de nous éclairer pour prendre des décisions réfléchies. Le fils prodigue n'a aucune intention de collaborer avec une personne mûre voilà pourquoi il s'est éloigné.

- Sur le plan moral, il a mal conduit sa vie. Il s'est lancé dans l'inconduite qui l'a ruiné.

- Sa vie loin de son père a été marquée par la mauvaise gestion de ses ressources matérielles.

La conséquence de l'irresponsabilité du fils prodigue est grave. La ruine est complète dans la vie de ce jeune homme. Dans l'histoire de ce jeune homme, nous retenons une leçon essentielle. Il est sûr que nous finirons par nous engager dans telle ou telle autre relation.

---

[106] Luc 15 :11-17

Mais avant de prendre un engagement, il est nécessaire de faire preuve d'une certaine maturité afin d'assumer sa décision.

La plupart de jeunes et adolescents prennent la décision prématurée de s'engager dans des aventures amoureuses. Dans ce cas, ils commettent bon nombre d'erreurs et deviennent les victimes de leurs propres erreurs.

Cher jeune, il est vrai qu'en un moment de la vie, nous devons nous lancer dans une relation amoureuse pour atteindre un but : le mariage. Mais, nous ne devons commettre l'erreur de nous presser. N'oublions pas que les écritures mettent devant nous un exemple : celui du fils prodigue.

En effet, tous ceux qui se précipitent à s'engager dans des relations amoureuses le regrettent toujours et finissent par commettre un acte blâmable. Il y a un temps pour tout dit Ecclésiaste[107]. En ces termes, nous disons que la sagesse exige que nous nous arrêtions un moment pour mûrir avant de se lancer.

III.2.2 La prise de résolution non réfléchie

Hormis l'erreur du fils prodigue que nous avons soulignée si haut, l'une des graves erreurs que ce fils a commises est celle d'avoir pris une décision irréfléchie. Il a pris au contraire l'initiative de se soumettre à la réflexion tardivement après les conséquences car, il est dit :« *alors il se mit à réfléchir sur sa situation...*[108]»

Dans le livre de proverbes nous lisons : « *promettre une offrande à Dieu sans réfléchir ou réfléchir seulement après avoir fait un vœu, cela est dangereux*[109]». Il est sûr que cette portion des écritures parle d'un vœu non réfléchi ou celui qui précède la réflexion, ce passage souligne combien cela est dangereux. Mais, par-dessus tout, il nous exhorte à développer la culture de la réflexion avant d'envisager un engagement.

Plusieurs personnes sacrifient leurs cerveaux au profit de leurs sentiments. Aussi, plusieurs chrétiens ont tendance à remplacer cerveau par la foi. Cependant, nous voyons à travers les écritures que les chrétiens du premier siècle étaient bien

---

[107] Ecclésiaste 3 :1
[108] Luc 15 :17
[109] Proverbes 20 :25

remplis et conduits par le Saint-Esprit mais, ils ont eu le temps de réfléchir sur les choses[110].

Pour la plupart de jeunes chrétiens, lorsqu'ils sentent quelque chose germer dans leurs cœurs, ils se lancent en sacrifiant la raison. Malheureusement, c'est le point de départ de tout échec. Cependant, quand chacune de nos décisions est règlementée par la raison, le bonheur nous est garanti. Ainsi, Salomon nous interpelle en disant : « *celui qui réfléchit sur les choses trouvent le bonheur...*[111]»

La réflexion est l'un des facteurs qui sont à la base d'une relation réussi et heureuse. Ceux qui s'adonnent aux sentiments sans réfléchir ne se rendent pas compte de comment ils se font du mal à eux-mêmes. Les blessures encaissées dans une telle relation sont graves car, la victime se rend compte qu'elle est tombée dans le piège à cause de sa naïveté. Soyons rigoureux dans la réflexion lorsqu'il s'agit de répondre à une proposition ou de prendre l'initiative de faire les avances pour éviter les dérives.

Néanmoins, nous devons reconnaitre que peu importe nos efforts, nous sommes faillibles en tant qu'homme et il nous arrive souvent de nous tromper malgré nos rudes réflexions. C'est la raison pour laquelle la réflexion et la confiance en Dieu doivent toujours marcher de paires. Salomon associe ces deux éléments si bien quand il dit : « *celui qui réfléchit sur les choses trouvent le bonheur et celui qui se confie à l'Eternel est heureux*[112]».

Quand nous sommes limités dans la réflexion, Dieu nous apporte son secours si nous lui faisons confiance. C'était le cas de Pierre. Après la vision des animaux impurs très difficile à comprendre, limitée dans sa réflexion, Dieu va faire concourir certaines circonstances pour lui permettre de comprendre les choses clairement[113].

Pour clore ce point disons que, face à un prétendit sentiment d'amour, nous devons prendre le temps nécessaire pour réfléchir. Ainsi Christ, nous invite toujours à réfléchir avant d'entreprendre toute chose en disant : « *en effet, si l'un de vous veut bâtir une tour est ce qu'il ne se met pas d'abord à réfléchir à toute tranquillité ? Il calcule à combien elle lui reviendra et s'il a le moyen de mener son entreprise à bonne fin. Sans quoi, s'il n'arrive pas à terminer sa construction après avoir posé les fondations, tous les passants se moqueront de lui...*[114]»

---

[110] Actes 6 :1-3, Actes 15
[111] Proverbes 16 :20a
[112] Proverbes 16 :20
[113] Actes 10 :19
[114] Luc 14 :28-32

III.3 Tenir compte des avis des autres avant de donner son accord

« La décision de consulter les autres avant de prendre une décision de se lancer dans une relation amoureuse n'est pas lâche mais une décision bien sage »

La vie chrétienne n'est pas une vie d'isolement mais plutôt une vie en équipe. Le Saint-Esprit a inauguré l'ère chrétienne pendant que les disciples étaient ensemble selon l'instruction de Christ[115]. Et d'ailleurs, pendant son ministère ici-bas, Christ a habitué ses disciples à ce genre de vie[116].

Déjà, dans l'église primitive nous voyons cette forte cohésion qui existait entre les croyants. Luc nous fait revivre cette belle cohésion en écrivant dans les actes des apôtres : *« ils étaient chaque jour tous ensemble assidus au temple... ».*[117]

L'apôtre Paul, nous montre qu'en nous sauva Dieu nous a introduit dans une nouvelle famille constituée de ses enfants[118].

La bible nous montre clairement que c'est en équipe que nous vivions l'épanouissement dans la vie chrétienne. Car, le vécu communautaire nous permet de nous améliorer dans le but d'être d'avantage utile à Dieu[119] mais aussi, les autres (mes frères et sœurs) au sein de la communauté, sont des potentielles solutions divines de proximité en cas de besoin[120]. L'église primitive ayant compris ce principe divin, la conséquence était la croissance et l'épanouissement de chrétiens du premier siècle[121].

Ainsi, les membres de la famille biologique (surtout si la famille est chrétienne) et spirituelle sont une bénédiction de Dieu pour nous. Par conséquent, l'Esprit-Saint prend plaisir de se servir d'eux pour éclairer d'avantage nos décisions.

D'où la bible nous encourage à faire part de nos inquiétudes aux autres pour recevoir leurs soutiens sur tous les plans. Voilà pourquoi il est écrit : *« portez les charges les uns les autres, et vous accomplissez ainsi la loi et les prophètes*[122]*»* et l'affaire d'une seule personne, nous concerne tous[123] car, nous sommes un corps.

---

[115] Actes 1 :4

[116] Mathieu 21 :1, Luc 10 :1, Marc 6 :7.

[117] Actes 2 :46

[118] 1 Corinthiens 12 :13

[119] Ephésiens 4 :11-12

[120] Galates 6 :10

[121] Actes 2 :41, Actes 4 :4 et 34, Actes 5 :14, Actes 9 :31, Actes 16 :5

[122] Galates 6 :2

[123] Esdras 10 :4

Aussi, dans le domaine des relations amoureuses, l'individu a toujours tendance à chercher quelqu'un de sûr pour pouvoir partager avec lui ses inquiétudes afin de gérer sagement ce sentiment ou sa relation.

Cependant, plusieurs jeunes se confient à leurs amis qui sont la plupart de fois ni chrétien, ni mûr, ni d'une proche parenté, ce qui est plus dangereux. Comme ce fut le cas d'Amnon qui éprouvait de sentiment pour sa sœur. Ne sachant plus comment gérer ce sentiment, il se confia à son ami Yonadab qui lui donna des conseils absurdes qui lui coutèrent la vie[124]. Un conseil manquant de sagesse divine est aussi meurtrier que le venin du serpent.

Ainsi, il a plu au Seigneur de conduire certains de son peuple dans l'ancienne alliance et son église dès le premier siècle par un ensemble de conseils des certaines personnes mures. Il est dit d'Achithophel, le conseiller de David[125] ce qui suit : « *or le conseil que donnait Achithophel en ce temps-là était autant estimé que, si quelqu'un eut demandé le conseil de Dieu. C'est ainsi qu'on considérait tous les conseils qu'Achithophel donnait tant à David qu'Absalom*[126]» et certaines paroles des apôtres ne faisant pas objet de révélation directe de Dieu étaient des conseils que les apôtres donnaient aux fidèles.

Les conseils des ainés au sein de la famille et des chrétiens mûrs peuvent nous aider à prendre une décision sage conforme à la pensée de Dieu.

C'est pourquoi en cas d'un prétendu amour, il est sage pour les frères avant de se lancer et pour les sœurs avant de donner un accord, de consulter certains ainés pour recevoir des orientations.

Deux types de personnes peuvent être consultés. L'un au sein de la parenté et un encadreur spirituel mûr dans la foi.

III.3.1 Un avis parental

Dans les saintes écritures, la parenté a été toujours pesée lors du choix du conjoint. Abraham s'impliqua dans le choix de son fils Isaac[127], Esaü causa l'amertume de sa mère à cause d'un mauvais choix, celle-ci poussa son mari Isaac, à s'impliquer dans le choix de Jacob pour que l'erreur de l'ainé ne se répète

---

[124] 1 Samuel 13
[125] 1 Chroniques 27 :33
[126] 1 Samuel 16 :23
[127] Genèse 24

pas : « *Rebecca dit à Isaac : je suis déjà dégoutée de la vie à cause de mes belles filles hittites. Si Jacob épouse à son tour une fille de ce pays, je perdrai ma dernière raison de vivre* [128]» et Isaac prend le soin interpeller Jacob avant sa fuite disant : « *...n'épouse pas une fille du pays de Canaan. Rends-toi en haute Mésopotamie, chez Bétouel, ton grand-père maternel. Epouse une femme...*[129]».

Il y a plusieurs cas similaires dans la parole de Dieu, mais nous avons choisi de prendre que ces deux exemples des livres de Genèse. Nous voyons que les parents ou les ainés au sein de la famille sont sensés donner des orientations pour aider les jeunes qui comptent s'engager sans leur imposer leurs points de vue.

Nous vivons dans une société dans laquelle on fixe un critère d'âge qui suppose que l'enfant est à la hauteur de prendre seul des décisions. Combien il est affreux dans un monde sans pitié d'opérer un choix en se méfiant des instruments par lequel Dieu est passé pour nous appeler à exister sur cette terre Ou certaines personnes avec qui nous sommes liées.

Salomon nous exhorte en disant : « *Ecoute, mon fils (fille) l'instruction de ton père, et ne rejette pas l'enseignement de ta mère*[130]» et ajoute en disant : « *si quelqu'un maudit son père et sa mère, sa lampe s'éteindra au milieu des ténèbres*[131]». Ces versets, nous montre que les conseils reçus de nos parents sont une lumière qui nous permet d'affronter le monde en prenant de bonnes décisions.

En matière de choix, tout ceux qui se sont soulevés contre les avis de leurs parents ont creusé leur propre tombe et se sont sentis malheureux toute leur vie.

Esaü loupe la bénédiction de son père à cause des manigances de sa mère. L'une des raisons qui l'a motivée à agir ainsi à l'égard de son fils ainé est le mauvais choix de celui-ci.

Samson se soulève contre les conseils de ses parents, il sera l'objet de moquerie de ses ennemis et mourra aveugle dans un état déplorable. Le pauvre était destiné à un ministère glorieux[132].

---

[128] Genèse 27 :46
[129] Genèse 28 :1-2
[130] Proverbes 1 :8
[131] Proverbe 20 :20
[132] Juges 14 :1-4 et Juges 16 :23-31

Par contre, les personnes qui ont suivi à la loupe les conseils de parents feront le choix judicieux à l'occurrence Jacob, qui vécut heureux entouré de l'amour chaleureux de ses fils.

Jeunes, nous ne sommes pas assez sages pour prendre pareille décision seule. Nous avons besoin de ce vieil homme, de cette vielle dame ou soit de cet ainé pour bien murir nos réflexions pour un choix utile.

Certaines diront que papa et maman ne sont pas coopératifs mais, au sein de la famille en son sens élargi, il ne manquera jamais une personne à qui nous confier qui nous aiderait énormément.

Posons-nous cette question sérieuse : « *combien de personnes vivent malheureux dans le mariage parce qu'ils ont boycotté le point de vue de la parenté ?* ». Cet évident car la bible dit : « *l'œil qui se moque d'un père et qui dédaigne l'obéissance envers une mère, les corbeaux du torrent le perceront, et les petits de l'aigle le mangeront*[133]». Mais aussi, la parenté ne doit pas s'impliquer dans le choix par méchanceté mais donner son point de vue faisant usage de beaucoup d'amour.

III.3.2 L'avis d'encadreur spirituel

A l'époque de la loi, le roi, le sacrificateur et même le peuple en cas de confusion venait auprès des prophètes pour recevoir les instructions ou les orientations de l'Eternel[134]. D'où l'expression : *consulter l'Eternel est si fréquent*. Cette vérité de l'époque est effectivement soulignée dans le livre de Samuel : « *Autrefois en Israël, quand on allait consulter Dieu, on disait : venez, et allons au voyant ! Car, celui qu'on appelle aujourd'hui le prophète s'appelait autrefois le voyant*[135]».

Même pour Jésus-Christ quand il était sur la terre, des personnes venaient auprès de lui pour recevoir les conseils qui sont conforme à la pensée de Dieu. A plusieurs reprises, les disciples des pharisiens envoyés par leurs maitres ainsi que les sadducéens etc. venaient le questionner afin d'avoir des éclaircissements ou le piéger[136].

---

[133] Proverbe 30 :17
[134] 1 Rois 22 :7-8, 2 Rois 1 :3 et 6, 2 Rois 3 :11, 2 Rois22 :18,
[135] 1 Samuel 9 :9
[136] Matthieu 9 :14, Matthieu 22 :16, Matthieu 22 :23, Jean 3 :2

C'est évident car, en le regardant, il était un véritable Maitre[137]. En effet, il est le garant des conseils divin et à la parfaite maitriser de ceux-ci pour nous les communiquer[138]. Jésus était le véritable coach spirituel qui se préoccupait de chaque aspect de la vie de ses disciples pour les aider à éviter les dérives.

Il reste un modèle pour tout encadreur spirituel. L'apôtre nous invite non seulement au style de vie du maitre mais aussi, à son coaching : « soyez mes imitateurs, comme je le suis moi-même de Christ[139] »

A l'église primitive, en cas d'une situation qui troublait les fidèles, ces derniers avaient l'habitude d'écrire à Paul pour le coaching. Ainsi, dans la première épître de Paul aux corinthiens, nous lisons cette expression : *« au sujet de ce que vous m'avait écrit[140] »*.

Ces multiples exemples tirés de la bible, nous montrent que nous avons besoin d'un encadrement pour mûrir dans chaque détail de notre marche sur terre avec Christ.

Ainsi, Dieu nous a donné des personnes comme de don qui joue un rôle très important dans notre marche avec le Seigneur. Un encadreur spirituel est un coach, un instrument de Dieu pour nous façonner et il veille sur nous. Nous sommes censés leur obéir[141].

Quand nous ne comprenons rien et sommes confus en cas d'un sentiment amoureux, nous pouvons toutefois faire part à notre berger. Il peut suffisamment nous aider pour prendre une bonne décision.

La plupart de fois, les encadreurs jouent un rôle trop insignifiant de réparateur. Nous voyons à maintes reprises une personne s'engager de sa propre initiative. Et ce n'est qu'après avoir été blessée dans la relation qu'elle se décide d'en parler à son encadreur, pour trouver une consolation. Ce n'est pas prudent et sage.

Nous devons savoir que les conseils d'un encadreur spirituel découlant de la parole de Dieu sont placés aussi dans la catégorie principale de la voie directive de Dieu actuellement. Aujourd'hui, Dieu nous conduit soit par sa parole, soit par les conseils de chrétiens mûrs.

---

[137] Marc 11 :21, Jean 1 :38, Jean 3 :26, Jean 9 :2
[138] Jean 6 :68, Jean 10 :21
[139] 1 Corinthiens 11 :1
[140] 1 Corinthiens 7 :1
[141] Hébreux 13 :17

III.4 Le respect du devoir de charité en cas de désaccord

« Faire usage du devoir de charité est une obligation sacrée que nous nous devons mutuellement même en cas de désaccord »

Tout homme est créé à l'image de Dieu, c'est une vérité que Dieu nous révèle. L'homme a des émotions, sentiments etc. comme Dieu. De la même façon que Dieu est blessé par la méchanceté, tout homme peut se sentir profondément blessé par un tel acte à son égard ou à l'égard de son frère.

La plupart du temps, les femmes manifestent un sentiment de méfiance totale quand elles sont approchées par des hommes, surtout si elles ne ressentent intéresser. Malheureusement, cette attitude blesse plusieurs hommes.

Pourtant, il est possible de procéder par une voie plus charitable pour faire comprendre à la personne en face de vous que vous l'aimez comme toute créature de Dieu malheureusement, vous ne ressentez pas la même chose pour cheminer ensemble sur cette voie.

Aussi, en cas de rupture d'une relation, la personne qui provoque la rupture peut procéder de la mauvaise manière au point de provoquer des blessures atroces.

Cependant, nous trouvons dans la bible l'exemple d'un homme qui fut fiancé. Dans sa relation, une circonstance drôle survint. Sa fiancée fut enceinte pendant qu'il ne l'avait jamais connu.

Il s'agit de Joseph, le fiancé de Marie, mère de notre Seigneur et Sauveur Jésus-Christ. A l'époque, tomber enceinte avant le mariage était un signe d'opprobre en Israël.

Ne pouvant pas cautionner une telle chose, voici ce que la bible nous dit : *« joseph, son fiancé, qui était un homme de bien et qui ne voulait pas la diffamer, se proposa de rompre secrètement avec elle*[142]*»*.

Il se sent anéantie humainement parlant. Mais, il opte pour une voie bien sage et charitable pour rompre afin de ne pas nuire à la réputation de Marie de peur que celle-ci ne soit blessée. Sans l'intervention souveraine de Dieu par rapport à cette situation[143], la rupture de Marie et Joseph n'allait pas créer des chocs si graves.

---

[142] Matthieu 1 :19
[143] Matthieu 1 :20

Combien cet évènement est rempli d'enseignement pour nous qui vivons l'âge d'or des relations amoureuses et tout ce qui va avec.

Bien sûr, nous avons le droit de dire non quand le sentiment n'est pas mutuel, nous pouvons décider de mettre un terme à notre aventure quand nous sentons que c'est impossible d'avancer ensemble. Mais, rassurez-vous de le faire d'une manière charitable car, la parole de Dieu nous dit : «*ne devez rien à personne (tout humain) si ce n'est que de l'amour car, celui qui aime les autres a accompli la loi*[144]».

Ainsi, le respect de ce devoir sacré vous permet de de trouver un consensus acceptable pour la bénédiction de chacun. Au cas où vous ne trouvez pas un moyen d'en faire usage, sollicitez l'aide de Dieu.

Je me souviens que quand je fus étudiant, le Seigneur a permis que je croise une fille merveilleuse pleine des vertus chrétiennes. Je lui avais fait la cour pendant plus de deux ans.

Cependant, elle m'aimait bien comme un bon frère mais, elle ne ressentait pas cet amour qui pouvait la permettre de me donner son accord afin de cheminer ensemble.

Elle chercha le moyen le plus charitable pour me le faire comprendre, et par la grâce de Dieu je le compris. Je me souviens du message que je lui avais écrit comme si c'était hier. Voici le contenu :

« Je t'apprécie et t'aime de tout mon cœur, je dois devoir accepter ta décision,
il se peut que Dieu ait voulu que nous puissions nous croiser de cette façon
pour être de partenaire spirituel, je benirai à jamais Dieu qui t'avait placé sur
le chemin de ma destinée ».

Jusqu'à ce jour, j'entretiens une bonne relation amicale avec elle. Elle me soutenait à travers ses prières, nous nous édifions mutuellement. Bref, elle est une merveilleuse personne que Dieu a placée sur mon chemin.

Si elle avait procédé par des voies blessantes, nous ne serions jamais amis. Nous aurions manqué de profiter des bénédictions que le Seigneur a mis en nous. Je ne saurais oublier combien cette fille et sa grande sœur ont été des bénédictions pour moi pendant les moments les plus sombres de ma vie. J'ai une dette morale sacrée

---

[144] Romains 13 :7

envers ces merveilleuses personnes. Que le Seigneur m'accorde la grâce de la payer. Une rupture ou un refus sans blessure et suivi d'une bénédiction divine est possible si, nous respectons le principe biblique du devoir de charité.

Qu'il plaise à Dieu de graver ce principe dans les cœurs de nos jeunes qui souvent ont toujours tendance à cracher dessus à cause de leur ego surdimensionné.

CONCLUSION

En somme, il est important de souligner que les blessures causées par les déceptions amoureuses sont autant dangereuses. Elles peuvent stimuler la folie humaine et causer des multiples crises.

C'est pour cette raison qu'il était judicieux de cerner la vraie perception de l'amour selon les desseins divins car, plusieurs se sont laisser trainer à cause d'une mauvaise compréhension de ce sentiment et ont reçu des coups-bas.

Ensuite, il a été question de passer en revue les différentes conséquences qui peuvent naitre des blessures intérieures amoureuses et la voie pour expérimenter la guérison intérieure.

En chutant, nous avons donné les conseils tirés de la bible qui peuvent nous mettre à l'abri des blessures intérieures amoureuses car, il est possible pour le chrétien d'éviter ces blessures le temps de son pèlerinage sur la terre, s'il prend au sérieux les conseils divins.

La minimisation des blessures intérieures contribue à la pureté du cœur mais, le cas contraire endurcie le cœur humain et transforme l'être humain de mal en pire. Bien que les blessures intérieures fassent toujours parties de la vie humaine, la meilleure nouvelle est que les blessures intérieures dues aux relations amoureuses peuvent être complètement évité.

Ainsi, vivre libre de toute blessure intérieure amoureuse grâce à l'application des conseils divins est possible.

Table des matières

UNE PENSEE PIEUSE DE L'AMOUR..............2

LES BLESSURES CAUSEES PAR LES
DECEPTIONS AMOUREUSES........................13

L'IDEAL POUR EVITER LES BLESSURES
CAUSEES PAR LES DECEPTIONS
AMOUREUSES...................................29

CONCLUSION...................................47

Buy your books fast and straightforward online - at one of world's fastest growing online book stores! Environmentally sound due to Print-on-Demand technologies.

Buy your books online at
www.morebooks.shop

Achetez vos livres en ligne, vite et bien, sur l'une des librairies en ligne les plus performantes au monde!
En protégeant nos ressources et notre environnement grâce à l'impression à la demande.

La librairie en ligne pour acheter plus vite
www.morebooks.shop

MIX
Papier aus verantwortungsvollen Quellen
Paper from responsible sources
FSC® C105338

Printed by Books on Demand GmbH, Norderstedt / Germany